어퍼! 대한민국!

조세개혁으로 대한민국을 복지국가로 UP!

본 도서는 『소득상한제-건강한 자본주의로 가는 길(좋은땅, 2018)』 개정판입니다.

어퍼! 대한민국!
조세개혁으로 대한민국을 복지국가로 UP!

개정판 1쇄 발행 2024년 4월 30일

지은이 고김주희
펴낸이 장길수
펴낸곳 지식과감성ᵖ
출판등록 제2012-000081호

교정 정은솔
디자인 정윤솔, 강샛별
편집 강샛별
검수 이주연, 정은솔
마케팅 김윤길, 정은혜

주소 서울시 금천구 벚꽃로298 대륭포스트타워6차 1212호
전화 070-4651-3730~4
팩스 070-4325-7006
이메일 ksbookup@naver.com
홈페이지 www.knsbookup.com

ISBN 979-11-392-1794-0(03350)
값 19,000원

- 이 책의 판권은 지은이에게 있습니다.
- 이 책 내용의 전부 또는 일부를 재사용하려면 반드시 지은이의 서면 동의를 받아야 합니다.
- 잘못된 책은 구입하신 곳에서 바꾸어 드립니다.

지식과감성ᵖ
홈페이지 바로가기

더 이상 '부자들'의 이야기가 아닌 '우리'의 이야기를 시작해 보자

어퍼! 대한민국!
조세개혁으로 대한민국을 복지국가로 UP!

고김주희 지음

UPPER KOREA

우리 한국인들이 북유럽 나라들만큼의
복지국가를 구현하고 있지 못한 까닭은 무엇일까?

목차

시작하며…   _6

1. 영웅, 그리고 노예들   _19
   - 억만장자의 부는 어디로부터 비롯되는가?

2. 자본주의의 위기들   _45
   - 통제되지 않는 자본의 축적과 소득불평등

3. 조세개혁, 복지국가로 가는 첫걸음   _71

4. 4차 산업혁명과 소득상한제   _106

5. 소득상한제의 문제점과 전망   _119

6. 민주주의란 무엇인가   _138
   - 소득상한제의 정치적 함의

참고 문헌   _149

시작하며…

 행복을 바라지 않는 사람이 있을까? 오늘과 같은 내일이 반복되어도 나는 행복하다고 이야기할 수 있는 한국인은 오늘날 몇이나 될까? 우리가 익히 알고 있듯이 행복지수가 높다고 알려진 국가 중에는 덴마크, 스웨덴, 노르웨이, 핀란드 등 북유럽 국가들이 최상위를 차지하고 있다. 이들 북유럽 국가가 갖는 하나의 공통점은 GDP 대비 세금과 사회보장부담금을 합친 비율인 국민부담률이 전 세계 최상위를 차지하고 있다는 점이다. 한국의 경우 국민부담률은 줄곧 20% 후반대를 유지하다가 2022년을 기점으로 30%를 약간 웃도는 수치를 기록하고 있다. 이는 OECD 회원국들의 평균에도 한참 못 미치는 수준이다. 반면 북유럽 국가들의 국민부담률은 40%를 넘어선다. 덴마크의 경우 국민부담률이 50% 가까이 육박한 해도 있다.
 사실상 누진세제가 제대로 마련되어 있지 않아 부유층의 부가 사회 전체에 배분되지 않으면 그 사회의 다수 구성원의 삶은 불행해질 수밖에 없다. 재산이 제아무리 많은 사람이라 할지라도 개인이 소비하는 양에는 일정한 한계가 있고, 따라서 그가 자신이 가진 재산을 활용하는 방법은 소비가 아니라면 투자나 대부를 통한 자산 확충이 될 것이다. 저성장이 일반화되고 양극화가 심화한 상황에서는 기업에 대한 투자가 제 기능을 발휘하지 못하고 가계에 대한 대출 시장이 확대되기 마련인데, 이러한 상황이 지속되다 보면 가계의 부채가 점점 증가하여 소비 활동이 위축되므로 기업의 생산 활동에도 어려움을 가져오게 된다. 결국 기업 활동이 위축되고 가계 부채가 증가하는데 정부에서 부유층에 대한 세수 확대를 꾀하지 않으면 정부는 어려워진 기업과 가계를 살리려다 빚더미에 앉게 된다. 그 과정에서 각종 복지 서비스를 비롯한 공공 서비스의 양과 질이 심각하게 저하되고 사회는 실업, 자살, 범죄, 정신질환 등의 현상으로 가득하게 된다.

한 나라의 경제활동이 사적 활동에만 치우치게 되고 공공의 영역이 충분히 확보되지 않으면 종국에는 그 나라의 경제에 악영향을 끼치게 되는 것은 불가피하다. 경제란 어디까지나 주어진 자원을 가장 효율적으로 활용하는 것을 의미할 텐데, 다수가 함께 활용할 수 있는 자연 자원을 너무 지나친 수준으로 제각각 소비하게 된다면 종국에 우리가 맞닥뜨리게 되는 것은 자원 고갈 및 온실가스 과다 배출로 인한 심각한 기후 위기이거나 또는 사회적 무질서와 다름없게 될 것이다. 가령 A에서 B까지의 거리를 자동차로 오갈 때 버스 한 대를 만들어 다수가 함께 이동하지 않고 제각각 자신의 승용차를 이용해 이동한다고 한다면, 자동차를 만드는 데에 필요한 자원이 더 많이 소요되고 온실가스 배출은 더 증가하며 교통 체증은 더욱 심각해질 것이다.

공산주의 사회 건설의 시도가 몰락을 경험한 이래로 자본주의 사회가 갖는 근본 전제들, 즉 사유재산의 인정, 자유로운 경쟁 시장, 빈부의 차이와 같은 전제들을 부정하는 것은 대다수에게 받아들일 수 없는 일처럼 되어 버렸다. 쉽사리 부정해 버릴 수 없는 이러한 자본주의 체제 안에서 우리는 우리의 삶을 영위하면서도 동시에 끊임없이 그 체제의 모순을 비판하지 않을 수 없는 역설적인 상황에 부닥쳐 있다. 현 자본주의 사회 안에서의 삶이 출발이 공정하지 못하다는 것은 각 개인이 출생과 더불어 상속받은 부의 크기가 현저한 차이를 보이는 상황에서도 사회 전체는 그러한 상황을 공정한 것으로 바꾸기 위해 상속된 자본의 차이를 줄이는 데에 그다지 큰 관심이 없다는 사실에서 드러난다.

하지만 자본주의 역사의 진행은 자본주의가 이러한 불공정과 불평등을 내재하고 있음에도 불구하고 우리가 자본주의를 버릴 수 없는 이유까지 모두 드러내 보인다. 자본주의는 그 스스로 자신의 불평등을 치유하는 법을 간직하고 있는 것이다. 물려받은 커다란 재산 없이 매우 적은 자본만으로도(매우 적은 자본마저도 갖추고 있지 못하다면 자본주의는 그것을 대출해 줄 용의가 있다) 새로운 IT 기술을 개발하거나 펀드나 주식 투자의 귀재가 되어 세계적인 갑부가 될 가능성까지도 자본주의는 응원한다. 이렇게 태생과 상관없이 누구에게나 관대한 자본주의를 어찌 함부로 욕할 수 있겠는가?

우리가 몸담은 이 사회 안에서는 출생부터 어떤 이는 금수저를, 어떤 이는 흙수저를 입에 물고 삶을 시작한다. 하지만 그러한 태생적 불평등을 현실 정치 안에서 문제 삼고 그 해결책을 세워 법제화하려는 노력은 너무도 쉽게 좌절되거나 아니면 시도조차 이루어지지 않는다. 이러한 사회에서 경제적 평등이란 결코 도달할 수 없는 머나먼 이상일 뿐이거나 기껏해야 일부 사람들의 정치적 기만술로 악용될 뿐이다. 공산사회 건설의 역사적 실패 이후 우리는 국가로부터 간섭받지 않을 개인과 기업의 자유만을 읊조

리며 평등이라는 문제는 자본주의 사회가 갖는 지고한 자유의 본질을 훼손시키는 것으로 치부하려 한 경향이 있었다. 개인적 자유보다 앞서는 사회적 평등을 주장하자마자 우리는 진부하고 시대착오적인 공산주의자 혹은 사회주의자로 간주되었다. 그러나 자유와 평등이 어찌 서로 대립할 수 있는 것일까? 우리가 자유로워야 한다면 그것은 모든 개인의 권리가 어떠한 위계적 권력에도 종속되지 않은 평등한 관계에 함께 놓여 있음을 의미할 뿐이며, 우리가 모두 평등하다면 그것은 서로의 권리가 모두 동등하게 존중되어야 한다는 의미에서 어느 누구의 자유도 부당하게 침해받을 수 없음을 의미할 뿐이다.

우리 모두는 누구나 자신의 생명과 건강을 지키기 위해 타인의 강제나 구속으로부터 방해받지 않고 자유로울 권리가 있다는 점에서 모두가 평등하다. 또한 동시에 각자의 자유가 타인의 생명과 건강을 누릴 자유를 침해하지 않아야 할 의무가 있다는 점에서도 누구나 평등하다. 평등은 자유와 모순되는 가치가 결코 아니다. 우리 모두는 다른 이들과 구별되는 개성과 차이성을 똑같이 평등하게 누린다. 다시 말해 우리는 우리 모두가 다르다는 점에서는 같다. 우리 모두가 다르기 때문에 선호하는 것이 다르고 선택하는 것이 다르고 따라서 소유하는 것도 다르다. 자본주의가 그 온갖 모순에도 불구하고 쉽사리 다른 체제로 대체되지 않는 이유는 아마도 자본주의의 근저에 놓인 사유재산제의 기초가 이 같은 차이의 긍정에 바탕을 둔 것이기 때문일 것이다.

 이처럼 남들과 다를 수 있는 자유가 평등과 이율배반적인 것이 되지 않고 진정 그 어떠한 가치로부터도 배척당하지 않는 본래 의미의 자유가 될 수 있으려면 이때의 자유는 오직 생명으로부터 비롯된 것이어야 한다. 그리고 이때의 생명이란 진정한 자유란 것이 어떠한 경계도 필요치 않는 무한한 가치인 한에서 그러한 무한한 자유를 가능케 할 수 있는 무한한 생명이어야 함이 분명하다. 즉 나의 자유가 곧 모두의 자유와 상치되지 않으려면 나의 생명을 향한 노력과 바람이 그 어느 누구의 생명도 결코 중지시키는 일이 없는 무한한 생명을 향한 것이어야 할 것이다. 따라서 자유인은 모든 것을 선택할 수 있으나 다른 생명의 파괴는 선택할 수 없다. 다른 생명을 파괴함으로써 그는 자신의 자유를 가능하게 하는 무한한 생명에 거스르게 되고 또 그렇게 되자마자 자유마저 잃고 만다. 모두가 똑같이 생명과 자유를 누릴 수 있었던 평등의 의미는 상실되고 자유는 평등과 영원히 분리된다.

여기저기서 경제적 평등을 이야기하기 시작하며 이러저러한 경제 정책을 제시하고는 있지만 자본의 개인적 소유에 명확한 사회적 한계를 부여하려는 움직임은 그다지 활발하지 못하다. 몇몇 국가의 진보적 정치 세력들이 임금상한제를 이야기하고는 있지만 그 상한과 최저임금 간의 격차가 여전히 너무 크거나 임금 소득 이외의 자본 소득의 제한에 대해서는 그다지 고려하고 있지 않은 것처럼 보인다. 소득에 제한을 두어야 한다는 이러한 주장은 아마도 자본주의의 본질을 훼손하려는 부활한 공산주의자의 목소리쯤으로 들릴 것이다. 하지만 그러한 비판도 그리 적절한 것은 못 된다. 소득상한제의 주장은 자본의 사적 소유를 폐지하고 국가 권력에 모든 생산 활동을 맡기려는 의도와는 거리가 한참 멀기 때문이다. 그 대신 우리는 나의 무한정한 자본 소유의 욕구가 자유라는 이름을 달고서 다른 누군가의 건강과 생명을 해치고 있지는 않은지, 그럼으로써 우리 사회 전체의 지속가능성을 위험에 빠뜨리게 하는 것은 아닌지 묻고 있다. 그렇다면 우리가 그토록 믿어 의심치 않았던 자본주의의 성공도 자본에 대한 우리의 그릇된 이해 탓에 그간 이어 왔던 생명을 다해 가고 있는 것은 아닌지도 역시 물음에 부칠 수 있을 것이다.

사실상 자본주의자냐 공산주의자냐, 혹은 자유주의자냐 사회주의자냐 하는 논쟁은 대개 그로부터 이렇다 할 소득을 얻지 못할 무가치한 논쟁인 경우가 많다. 논의되어야 할 더욱 본질적인 문제는 언제나 그렇지만 우리가 현재 몸담고 있는 사회의 모습은 어떠한 문제점을 안고 있으며 모두의 건강과 생명이 보장되는 더 나은 사회로 나아가기 위해서는 다시 어떤 모습으로 현재의 모습을 변화시킬 것인가에 달린 일일 뿐이다. 누군가는 말할 것이다. 개인의 소득을 제한함으로써 그 개인으로부터 경제적으로 더욱 행복을 누리고자 하는 자유를 박탈하고 있는 것은 아닌가? 어느 누구에게도 그러한 자유를 박탈할 권리는 없다. 그러한 자유가 억압당한다면 사회 전체는 생산적 능력을 잃고 머지않아 깊은 침체 상태를 모면할 수 없을 것이다.

하지만 이때 우리가 억압하고 있는 것은 과연 무엇인가? 그것이 만일 자유라는 이름으로 불린다면 그때의 자유란 과연 어떠한 자유인가? 그 어느 누구에게도 타인의 건강과 생명을 앗아 갈 자유는 없다. 그대가 말하는 경제적으로 더욱 부유함을 누릴 수 있는 그 행복을 향한 자유가 다른 누군가의 삶을 이어 가고자 하는 생존권마저 위협하고 있다면? 그렇다면 그대의 행복은 진정한 행복인가? 그 누구에게도 다른 이의 생명을 해치면서 자신의 행복을 추구할 권리는 없다.

그렇다면 그는 이어서 다음과 같이 말할 것이다. 내가 더 높은 소득을 얻는다는 사실이 곧 다른 이의 생명을 해친다는 사실을 의미하는 것은 아니다. 사회 전체의 경제적 성장은 필연적으로 개인이 소유한 자본들 간의 격차를 벌려 놓을 것이다. 그렇다고 해서 그것이 누군가의 부를 필연적으로 감소시키는 것은 아니다. 자본의 증가량에 차이는 있을지언정 모두의 자본이 함께 증가할 수 있기 때문이다. 고소득층의 소득을 제한시키는 것은 의도한 바와 다르게 저소득층의 소득까지 감소시키는 결과를 불러올 수 있다.

우리는 여태껏 그들의 말만을 믿고 무한히 부를 추구할 수 있는 '자유'를 모두에게 허락해 왔다. 그 결과 자본주의가 태동한 이래로 자본의 집중과 독점 현상은 항구적인 것이 되었다. 자본주의의 전개와 더불어 세계적으로 절대 빈곤층의 비율이 저하되었다고는 하나 여전히 대규모의 기아와 빈곤 문제는 21세기인 지금에도 현재 진행형이다. 세계은행의 조사에 따르면 하루 2달러 이하로 생활하는 세계 인구는 10억 명이 넘는다. 2017년 11월에 있었던 스위스 은행 크레디쉬스의 발표에 따르면 세계의 상위 1퍼센트 부자가 가진 재산은 140조 달러로 전 세계 부의 절반을 차지한다. 이는 한국의 1년 GDP의 백 배에 해당하는 규모다. 이에 비해 35억 명에 해당하는 세계 성인 인구의 평균 자산은 천만 원 정도에 불과하다. 그렇게 본다면 억만장자들 및 거대 글로벌 기업들의 부로 인해 우리 모두가 함께 부유해졌다고 하는 것은 논리가 전도된 억지스러운 주장이다. 소수 계층에 끝없이 축적되고 있는 거대 자본의 불균등한 크기를 고려한다면 다수가 입은 경제적 혜택보다는 오히려 다수가 치른 희생의 크기가 더 크다고 해야 함이 백 번 옳을 것이다.

하지만 우습게도 많은 국가나 국제기구들은 부유층의 재산을 나누기 위한 정책과 운동을 펼치기보다는 다수의 평범한 시민들을 채무자로 전락시키면서 그들에게 제3세계 빈곤 계층을 위한 기부자가 되어 줄 것을 호소한다. 경제적으로 진정 평등한 사회에서라면 그리 존재 가치가 없을 기부라는 행위는 이렇게 만인들에게 선전되는 보편적 현상이 되거나 아니면 전혀 평등치 못한 사회 구조 안에서 부자가 된 소수가 대중의 비난을 피해 갈 수 있는 면죄부 같은 것이 된다.

부자가 '먼저' 만들어져야 가난한 자가 사라질 것이라

는 논리는 경제적 부유함이라는 것이 결코 어떠한 절대적인 존재가 아니라 어디까지나 상대적이고 관계적인 개념일 뿐이라는 진실을 묵과함으로써 탄생한다. 먼저 부자가 되는 일부가 생겨난다면 이것은 그와 '동시에' 그 부자보다 가난한 자가 생겨난다는 의미이다. 이후에 그 부자들의 부가 감소될 일이 없다면 단지 그 부자들의 부로 인해 가난한 자들이 더 부유해질 일은 생겨나지 않는다. 그다지 멀리 갈 필요도 없이 한국의 상황만을 놓고 보아도 부유층이 주장하던 낙수효과라는 것은 이미 아무런 실체도 없는 것임이 판명되었다. 고위공직자나 대기업 총수의 열 살도 안 되는 손주들이 억대의 주식을 상속받고 있을 때 저임금 초과 노동에 시달리는 하청업체의 비정규직자는 안전장치가 미비한 작업장에서 휴식 시간도 없이 밀려드는 작업량을 홀로 감당하다가 사고로 사망하거나, 또는 이러한 근로 조건을 개선하기 위해 노조 활동을 벌이다 사측에 의한 방해와 탄압을 견디지 못하고 스스로 목숨을 끊고 있는 것이 한국의 현실이다.

그렇다면 이제 우리가 믿어야 할 이야기는 어떠한 이야기일까? 그들에게 더 많은 부를 허락한다면 그들이 우리 모두를 부유하고 풍요롭게 만들 수 있다고 속삭일 때 우리는 언제까지 그들의 말에 귀를 기울여야 할까? 우리가 지금껏 그들의 말을 따라 그들의 자유를 좇아왔다면 이제는 우리 스스로가 우리 모두의 자유를 찾아 나서야 할 것 같다. 이제 더 이상 '그들'의 이야기가 아닌 '우리'의 이야기를 함께 시작해 보자.

UPPER KOREA

1 영웅, 그리고 노예들

- 억만장자의 부는 어디로부터 비롯되는가?

2016년 7월 4일, 정의당의 노회찬 원내대표는 국회 비교섭단체 대표 연설에서 대한민국 국회의원의 세비를 절반으로 낮추자고 제안했다. 한국 국회의원의 세비는 월 천만 원을 넘어선다. 반면 한국 근로자의 평균 임금은 월 3백만 원을 웃돈다. 실상 어떠한 법이나 제도의 현실화는 그것을 사회적으로 용인하는 다수의 심리적이고 암묵적인 동의 없이는 불가능하다고 해야 할 것이다. 만일 대다수의 한국 국민들이 정치가란 결코 다수 위에 군림하는 자가 아니라 다수의 평균적인 경제적 삶을 함께 영위하며 국민들과 같은 위치에서 살아갈 뿐인 사람들을 의미한다고 하는 사실에 공감하였다면 현재와 같은 한국 정치가들의 경제적 특권은 현실화되지 못하였을 것이다.

정치가는 무엇을 하는 사람인가? 정치란 무엇인가? 피치자의 평균 소득을 훨씬 웃도는 소득을 유지하면서 과연 정치라는 것을 하는 것이 가능한가? 그러한 사람은 과연 정치가라 불릴 만한 사람인가? 정치가가 국민들 다수의 생활과 전혀 동떨어진 생활을 누리고 있다면 이러한 사회에서 '민주주의'라는 이름은 허울뿐인 것이 된다. 민주주의가 우리에게 가르치는 것은 치자와 피치자 간의 정치적 권리상의 구별이 종국에는 아무런 의미가 없다는 것, 피치자인 누구든 치자가 될 수 있는 권리가 있으며, 또한 그 누가 치자가 되었든 그는 피치자 다수의 권리를 위한 통치를 펼쳐야 한다는 것이다. 진정한 민주주의는 사회 안에 어떠한 정치적, 경제적 위계도 허락하지 않는다. 모두에게 소중하고 하나뿐인 생명이 있는 것과 마찬가지로 그 모두는 소중한 정치적, 경제적 권리를 다 같이 공유할 수 있어야 한다.

노회찬 원내대표가 국회의원 세비 축소를 이야기했을 때 우리 국민들은 그의 말에 얼마만큼 귀를 기울였을까? 실상 '한강의 기적'을 이루었다고 평가받는 한국 국민들은 오랜 군사독재 정권 아래 이렇다 할 민주 정치의 역사적 경험을 축적하지 못하였다. 군사독재 시절 가난으로부터 우리 국민들을 구제하였던 '박정희'라는 영웅 신화는 신자유주의를 타고 온 세계화의 물결 속에서 기업가적 영웅으로 그 명맥을 이어받았다. 신자유주의 시대 기업가는 사회 어느 곳에서나 추구되어야 할 새로운 주체로 칭송받았고 이러한 분위기 속에서 한국 국민들은 한국의 CEO라 자칭하는 정치적 권력을 탄생시켰다. 이러한 시대정신 속에서 기업가는 낡은 사고와 구조로부터 사회를 탈바꿈시키고 새로운 가치를 창조하여 사회가 정체되지 않고 끝없이 발전되도록 돕는 이로 그려진다. 그는 이전에는 없던 새로운 부를 창조하여 일자리를 늘리고 사회 전체를 풍요롭게 만든다. 여기저기서 기업과 기업가의 모델이 도입된다. 학교에서도 공공기관에서도 심지어 정치권에서도 효율성과 수익성은 추구해야 할 지고한 가치가 된다. 그러나 현실 속에는 기업이 갖고 있는 이러한 긍정적 이미지에도 불구하고 기업이 갖는 또 다른 면 역시 엄연히 존재한다. 사회적 부를 늘리는 것이 기업의 역할이라면 사회적 부를 전유하고 홀로 축적하는 것 역시 기업이 하고 있는 일이며, 일자리를 늘리는 것이 기업의 소명이라면 일자리를 축소하고 고용 조건을 불안정하게 만들며 근로자의 임금을 체불하는 것도 역시 기업이 하고 있는 일인 것이다.

다수의 한국 정치가들은 소수의 기업 총수들이 편취하고 쌓아 두는 부의 문제에 관해 둔감하거나 무관심한 편이다. 게다가 여기에 신자유주의가 설파하고 있는 기업가의 모습에 대한 국민들의 맹목적 추종은 한국의 재벌들에게 어마어마한 부의 축적을 허락하도록 만든다. 우리는 빌 게이츠나 스티브 잡스의 성공 신화에 경탄하도록 학습되지만 민주 사회에 필요한 진정한 기업가의 모습에 대해 근본적 물음을 던져 볼 수 있는 기회는 그리 많이 갖지 못한다. 기업가는 무엇을 하는 자인가? 기업이란 무엇이고 진정한 기업이란 어떠해야 하는가? 사람들은 이렇게는 잘 묻지 않는다. 대신 너무도 쉽게 기업가에게 근로자의 평균 임금의 몇십 배, 몇백 배 되는 연봉을 허락하고 그러한 기업가를 자신들의 리더로 인정한다. 그리하여 정치적으로든 경제적으로든 다수의 노예 생활은 지속된다. 소득불평등으로 인한 불공정한 사회 구조에 의문을 던지는 대신 그들은 1퍼센트의 대박 신화에 경도되어 너도나도 그 어느 날엔 영웅의 자리에 오를 것을 꿈꾼다. 하지만 그렇다고 해서 99퍼센트가 모두 1퍼센트가 되는 날은 오지 않는다. 만일 그 어느 날 99퍼센트가 1퍼센트가 되었다면 그때에는 또 다른 0.1퍼센트가 그 세상을 지배하고 있을 것이기 때문이다. 그렇다면 우리가 바꾸어야 하는 것은 무엇인가? 다수가 1퍼센트를 향해 아무리 끊임없이 노력한다고 한들 그러한 모양이, 그러한 구조가 바뀌는 것은 아니다. 영웅들을 만드는 것은 영웅을 따르는 노예들인 까닭에 노예들이 그 영웅들에 의한 예속을 스스로 거부하지 않는다면 아무리 많은 세월이 지난다고 한들 노예가 노예의 신분을 벗고 영웅이 될 수 있는 일은 없으리라.

한국 안에서 군사독재와 신자유주의의 결합으로 탄생한 이러한 영웅주의는 스포츠와 맞물리며 기이한 장관을 이룬다. 월드컵이나 올림픽 스타로 등극한 소수의 스포츠 선수들은 마치 국가 전체를 난관으로부터 구제한 전 국민적 영웅으로 칭송받는다. 여기에는 정계, 재계, 언론을 가리지 않으며 심지어 학식 있는 식자층까지도 그들의 '국위선양'에 대한 맹목적 찬양에 적극 참여한다. 수개월간 모든 미디어는 소수의 스포츠 스타들의 얼굴로 도배가 되고 그들은 국외에서 많은 외화를 벌어들여 국가 경제를 일으키기라도 한 기업가처럼 정중히 모셔진다. 하지만 그들이 벌어들인 그 엄청난 외화란 것은 실상 국민 전체의 경제와 무슨 상관이 있는 것일까? 국제적인 스포츠 스타들 역시 다수의 평균적인 소득보다 훨씬 더 높은 소득을 단기간에 벌어들인다는 점에서 고위급 정치가나 대기업 총수 및 임원들과 그다지 다르지 않다. 세계 최고라는 자리를 누구나 꿈꾸어야 할 삶의 목표로 오도하는 신자유주의 이데올로기는 정작 우리가 거주하고 있는 마을 공동체를 심각하게 망가뜨리거나 해체시킨다. 국제 무대에서 성공한 세계 최고의 스포츠 선수는 있을 수 있을지 몰라도 우리 마을의 삶을 돌보는 소방관이나 환경미화원, 교사나 간호사와 같은 직업에 세계 최고라는 자리는 아무 의미도 아무 가치도 없다. 하지만 실제로 우리 사회에 더욱 일차적으로 필요한 것은 스포츠 선수인가 소방관인가?

현재와 같은 고액의 몸값이 이루어지는 스포츠 시장 안에는 국가 간의 경쟁 이데올로기와 승자독식 구조의 기업 문화가 혼재한다. 또한 그 아래에는 개화기와 일제강점기부터 형성된 제국주의 논리를 뒷받침하는 위계적이고 종속적인 의미의 민족주의가 자리한다. 스포츠 영웅의 숭배를 통한 한민족의 단결은 이제 일본인을 넘어 서구인과의 경쟁에서도 승리를 거둘 수 있다는 자신감을 일깨우고 이는 한국인의 민족적 열등감을 치유하는 효과를 불러일으킨다. 이로 인해 경제적 불평등으로 인한 계층 간의 반목은 사라지고 한국 사회 구조에 대한 문제 제기 역시 지평에서 사라진다. 스포츠의 이러한 민족주의적 기능은 과거 한국의 군사 정권이 그들의 독재를 연장시키고 대기업에 특혜를 베풀며 마치 모두를 위한 경제 성장을 이루고 있는 듯 선전하면서 동원한 친숙한 수법이다. 이는 글로벌화된 스포츠 시장의 모습을 생각할 때 비단 한국에만 적용되는 이야기는 아니다. 스포츠를 통한 국민 또는 민족 간의 단결은 세계인들의 계층적 연대를 단절시키고 지극히 불평등한 국가 및 세계의 모습을 지속시킨다. 올림픽이나 월드컵 행사로 인해 혜택을 받게 되는 이들의 한정된 수와 투자되는 사회 전체의 비용을 고려해 볼 때, 사회 전체의 구조적인 문제들은 뒷전이 되는 것을 기꺼이 감수하면서까지 스포츠 영웅들을 국가적으로 환호하는 것이 과연 모두에게 '수지맞는 장사'인지 묻고 싶어진다.

그러나 당신 역시도 1퍼센트가 될 수 있다는 가능성을 충동질하는 우리 자본주의 사회는 세계화된 국제 무대에서 성공을 거둔 몇몇 개인의 모습을 마치 우리 전부의 모델이 될 수 있는 양 그려 낸다. 대중들은 그들의 꿈이 실현되는 것을 바라보며 자신들의 꿈을 함께 키운다. 하지만 이때, 이러한 사회 구조 속에서 우리들 모두가 꿈을 '함께' 키우는 것은 가능한가? 우리가 그들의 꿈에 환호하고 매혹당할 때 아이러니하게도 우리들 다수의 꿈은 그만큼 좌절되고 있는 것은 아닌가? 우리는 왜 이리도 쉽게 몇 안 되는 소수의 사람들에게 저리도 많은 양의 부를 허락하는가?

사람들은 이렇게 묻는 대신 흔히 다음과 같이 생각한다. 그들은 그들의 꿈을 위해 열심히 노력했고 노력한 만큼의 대가를 받을 자격이 있다고. 따라서 그들에게 그렇듯 거대한 부가 따르는 것은 당연한 일이라고. 그렇게 노예들은 이렇듯 위계화된 사회의 모습을 정당화하며 언젠가 자신도 이러한 사회 안에서 영웅이 되리라 꿈꾼다. 하지만 조금만 생각해 보아도 영웅이라는 존재는 영웅을 따르는 다른 이들이 남아 있어야만 가능한 것이라는 사실을 쉽게 알 수 있다. 노예들의 꿈이 노예를 예속시키는 영웅의 존재와 자신들의 노예 상태를 공고히 할 뿐이라면, 그렇다면 노예는 노예 상태를 벗어나기 위해 무엇을 꿈꾸어야 할까? 노예들이 더 이상 아무런 노예도 필요로 하지 않는 모두가 주인만으로 된 그러한 세상을 실현시키려면?

다른 이들과 비슷한 경제적 생활을 영위하는 것이 아니라 대다수와는 크게 차이 나는 다른 클래스의 삶을 사는 이들을 부러워하고 그러한 이들을 영웅 삼아 그들을 향해 환호하는 이러한 노예 정신은 왜 생겨나는 것일까? 다른 이들과 더불어 잘 살고자 하는 욕망이 아닌 다른 이들보다 더 잘살고자 하는 우리 사회 안의 이 변태적 욕망은 어디로부터 비롯되는 것일까? 언젠가 덴마크의 복지제도를 다루었던 인터넷 기사에 달린 한국 네티즌들의 댓글을 보고 적잖이 놀랐던 경험이 있다. 그들의 심리적 반응은 크게 두 종류였는데 하나는 덴마크라는 나라에 대한 부러움과 동경심이었고 다른 하나는 한국은 결코 덴마크와 같은 나라가 될 수 없다는 자조적인 체념과 같은 것이었다. 한국이기 때문에 한국인이기 때문에 더 살기 좋은 나라를 만들 수 없다는 자학에 가까운 다수의 공감대는 왜 한국이 OECD 가입국들 중 가장 불평등한 경제 지표들을 나타내고 있는지를 증거하고 있는 듯하다.

국민적 영웅들이 등장할 때마다 한국인들의 열광적인 반응은 뜨겁다. 대학도 다니지 못한 사시 출신의 대통령이 등장했을 때, 의사 출신의 컴퓨터 백신 프로그램의 벤처 기업가가 도덕적인 기업 경영으로 사업에 성공했을 때, 피겨 스케이팅의 불모지였던 한국에서 피겨 부문 올림픽 금메달리스트가 탄생했을 때, 한국인 최초로 UN 사무총장의 자리에 오른 이가 나타났을 때 한국인들은 그들을 기꺼이 국민들의 영웅으로 추대했다. 많은 한국인들은 개인이 일군 성공 신화에 있어서만큼은 굉장히 우호적이고 긍정적인 반응을 보이는 반면, 그러한 개인들의 신화가 탄생되기 어려운 한국 사회 전반의 구조적 문제에 관해서는 그다지 지속적인 방식으로 문제를 제기하지 않는다. 우리가 묻지 않는 한국 사회의 불공정한 시스템에도 불구하고 그러한 영웅들은 그 시스템 안에서 자신들의 삶을 성공으로 이끌었기에 영웅들에 대한 우리의 환호와 열광은 그 불공정한 시스템이 더욱 잘 기능하고 영속하도록 돕는다. 우리들은 설령 우리의 삶이 바뀌는 일이 없더라도 우리의 영웅들의 삶을 통해 우리의 고단한 삶을 위로하고 영웅들의 꿈을 통해 우리들의 꿈을 대체시킨다.

한국이라는 국가 전체가 단기간에 이토록 놀라운 성장 속도를 보였음에도 여전히 다수의 근로자가 저임금 장시간의 노동에 시달리고 잦은 과로사와 높은 자살률을 보이고 있는 현실은 다수의 한국인들이 영웅들의 삶과 자신들의 삶을 혼동하고 있는 데에서 비롯되는 것은 아닐까? 영웅이 사라진 노예들이란 존재하지 않게 될 것이므로 노예들은 기꺼이 스스로 노예가 될 것을 자청하고 영웅들의 삶이 노예들의 삶으로 전락되지 않기 위해 영웅을 위해 봉사한다. 영웅이 사라진 삶. 그것은 노예들이 상상할 수 없는 것이다. 영웅의 꿈이 사라진다면 노예로서의 꿈도 사라진다고 노예는 믿는다.

만일 덴마크가 한국보다 더 나은 사회라고 한다면 왜 한국인들은 스스로 그러한 사회는 한국에서 결코 만들어질 수 없다고 단정 짓는 것일까? 이렇듯 불공정한 한국 사회를 유지시켜 나가는 것은 비단 몇몇 정치가들과 기업가들이 지닌 권력과 악덕 때문에 가능한 것일까? 우리 다수는 결코 노예의 생활을 할 의지가 없는데도 불구하고 악덕한 일부 상층 계급의 힘과 술수에 의해 한국은 헬조선의 나락으로 떨어진 것일까? 우리의 삶을 살아나가는 것은 우리 자신이지 소수의 영웅들이 결코 대신하여 줄 수 있는 것이 아니다. 우리가 우리 스스로 우리의 삶의 조건들을 변화시키려는 노력 없이 구조적인 변화의 문제에 있어서는 다 같이 체념하거나 냉소하는 모습만을 보인다면 노예는 또 다른 영웅들의 출현 없이는 자신들의 삶의 고통을 계속해서 견디어 낼 수 없게 될 것이다. 새로운 영웅들은 앞으로도 얼마든지 또 다시금 등장할 수 있다. 그러나 그 영웅들이 사라지고 난 뒤 우리의 삶은 변화되었고 우리의 꿈은 이루어졌는가? 지극히 당연하게도 우리의 삶을 사는 것은, 우리의 삶을 만드는 것은, 소수의 영웅이 아닌 바로 우리 자신들이다.

2014년 태국 키아트퐁산(Sorapop Kiatpongsan) 교수와 미국 노튼(Michael I. Norton) 교수가 공동으로 발

표한 한 연구결과는 흥미로운 사실을 보여 준다. '대기업의 CEO가 비숙련 노동자에 비해 얼마큼의 연봉을 받는 것이 적정하다고 생각하는가'라는 설문조사의 국가별 응답에서 덴마크는 약 2배로 가장 낮게 나타난 반면 한국의 경우는 약 11배로 설문에 응한 40개 국가의 전체 평균인 4.6배보다 훨씬 높게 나타났다. 덴마크의 낮은 소득불평등은 어디까지나 덴마크인들이 추구하고자 하는 사회에 대한 덴마크인들 스스로의 생각과 의지가 바탕이 되어 현실화된 것이다. 이와 마찬가지로 한국의 불평등한 사회 구조 역시 하늘에서 뚝 떨어진 것이 아니다. 너무나 당연하게도 우리의 사회와 역사는 우리의 생각과 의지가 모여 만들어진 것이고 우리 스스로 만들어 나가고 있는 것이다.

우리 사회 영웅들의 가치는 많은 경우 그 영웅들의 몸값으로 환원된다. 그들의 가치는 그들의 몸에 따라붙는 돈의 크기에 의해 결정된다. 돈이란 무엇인가? 사람들은 흔히 돈과 가치를 혼동한다. 가치는 신체적, 정신적 욕구를 충족시키기 위한 무엇으로서 오직 인간의 노동을 통해 생산된다. 그러한 가치가 상품의 형태를 띠고 생산되어 가격이 매겨지면 그때 그것은 비로소 화폐를 통해 매개된다. 돈은 인간의 노동을 통해 생산된 가치를 교환 가능하게 해 주는 매개물일 뿐 그 자체로 가치나 부를 생산하게 해 주는 어떠한 것이 아니다. 따라서 화폐가 화폐로서의 기능을 긍정적으로 수행할 수 있기 위해서는 그에 상응하는 가치를 생산하기 위해 소비된 노동력을 적절히 반영하는 것이어야 하며, 그러한 반영이 제대로 이루어지지 않을 경우 화폐는 사회적 필요의 충족과는 전혀 무관한 방식으로 증식될 수 있다.

1980년대 이후 빠른 속도로 진행된 금융시장의 폭발적인 확장은 화폐와 가치 간의 차이를 충분히 식별하지 못한 데에서 기인한 것이라 해도 틀린 말은 아니다. 실물 가치의 반영과는 무관하게 금융 상품들 간의 변형만을 통해 증가하는 듯 보이는 화폐의 액수가 마치 실제 경제적 가치의 증가를 나타내기라도 하는 듯한 모두의 착각이 종국에는 세계적인 경제위기에까지 우리를 이르게 했다. 신자유주의의 도래 이후 지난 몇십 년간 급속도로 팽창된 금융자본은 산업 자본이 창출할 수 있는 미래 가치를 위해 투자되고 그것을 뒷받침했다기보다는 오직 화폐 및 신용을 통한 화폐의 자기증식 과정을 통해 그 몸집을 불려 왔다. 길게는 몇 세기에 걸쳐 이루어진 산업 자본의 성장과 비교해 볼 때 짧은 시간 안에 거대 자본으로 성장한 헤지펀드나 투자은행, 신용평가기관과 같은 금융자본은 국경을 자유로이 넘나드는 새로운 자본가 계층을 형성시켰다. 또한 인터넷의 발달과 정보화 기술의 촉진은 다른 한편 거대한 IT 시장을 형성하며 또 다른 종류의 억만장자를 가능케 했다. 사람들은 조지 소로스나 워렌 버핏, 빌 게이츠나 스티브 잡스 같은 인물들을 우리 시대의 영웅들로 칭송한다. 미디어는 그들에게 '귀재', '천재', 심지어는 '현자'라는 이름들을 부여한다. 그들은 모두 상속받은 큰 재산 없이도 그들의 기술과 노력을 바탕으로 우리의 자본주의가 갖는 최상의 장점을 몸소 구현해 낸 '능력 있는' 인물들로 그려진다. 우리들이 말하는 그들의 '능력'이란 무엇인가? 그들의 거대한 부는 모두 어디로부터 오는가?

한국의 재벌들이 지난 근대화의 시기 동안 국가 권력과 유착되어 그것의 덕을 입어 성장하였음을 비판하는 목소리는 한편에서 줄기차게 계속되어 온 반면, 앞서 언급한 미국의 억만장자들은 정치권력의 편파적 이해관계로부터 자유로운 공정한 시장을 발판 삼아 시장의 효율성을 극대화하여 그들이 창출해 낸 시장 가치의 결과로 막대한 수익을 거두었다고 바라보는 분위기 탓에 그들에 대한 비판은 그다지 크게 수면 위로 떠오르지 않는다. 하지만 소로스와 같은 이들이 운용하는 헤지펀드는 이미 그것에 투자할 수 있는 투자자로서의 가입 여부부터가 소수의 거액 투자자들에게 제한되어 있다는 점에서 시작부터가 공정하고 자유로운 시장의 모습과는 거리가 멀다. 로스차일드가의 자본 등을 밑천 삼은 소로스의 퀀텀 펀드가 과거 파운드화 공매도를 통해 영국 경제를 휘청거리게 만들었던 예에서 보듯이, 지난 몇 십 년간 헤지펀드 세력이 보여 주는 경이로운 수익률은 거대 금융자본이 조세회피처에 거점을 두고 한 국가의 경제 전체에 심대한 타격을 입힐 수 있을 정도의 규모로 성장해 가는 동안 어떠한 규제 장치도 마련되지 않은 금융자본의 지극히 불평등한 분배 구조가 영속될 수 있었기에 가능한 일이다. 따라서 투자의 '귀재'로서의 소로스의 능력은 어디까지나 그러한 불평등을 전제하지 않고서는 실현될 수 없었던 것이기도 하다.

한편에서는 영국이나 다른 아시아 국가들을 대상으로 한 소로스의 공격들은 어디까지나 그러한 국가들에 대한 그의 악의와는 거리가 멀고 당시 그 국가들을 주도하고 있었던 경제 정책가들의 방만하거나 미숙한 경제 운용 방식에 그 원인이 있음을 이야기한다. 하지만 문제는 헤지펀드의 공격으로 인해 어떠한 나라가 심대한 경제적 타격을 받게 될 때 그로 인한 가장 큰 위험과 고통을 받게 되는 것은 그 나라의 엘리트층을 이루는 경제 정책가들이 아니라 경제적으로 취약한 빈곤 계층이라는 점에 있다. 상위 10위의 헤지펀드 매니저들이 연간 벌어들이는 소득은 미국 유명 영화배우나 스포츠 스타들이 버는 소득의 10여 배에 이른다. 그리고 이 최상위 헤지펀드 매니저 10명이 단 한 시간 동안 버는 평균 소득은 미국의 평균 가구가 무려 17년이나 일해야 벌 수 있는 돈이라고 한다. 헤지펀드에 대한 이렇다 할 아무런 법적 규제가 없는 상황에서 국내에서도 국외에서도 수익에 합당한 세금 한 푼 내는 일 없이 한 나라의 경제를 파산 지경으로까지 몰고 가는 이들에게 우리는 언제까지 투자의 귀재라는 이름을 허락해야 하는 것일까?

그렇다면 한 나라의 경제를 파산 지경으로까지 몰고 가는 위험천만한 헤지펀드보다는 가치투자로 이름난 '오바마의 현인'이라 불리는 주식 투자의 귀재 버핏의 경우는 어떨까? 소로스와 마찬가지로 그 역시도 출생의 배경은 부유하지 않은 그저 평범한 가정의 자녀로 태어났지만 주변 친지들의 자본을 모아 벌인 투자 활동을 시작으로 젊은 시절부터 남다른 투자가로서의 면모를 발휘해 지금과 같은 엄청난 부를 이루었다고 알려져 있다. 실제 가치보다 저평가

된 기업의 주식을 매수하여 기업의 가치를 발굴하고 그러한 기업의 주가 상승을 통해 수익을 거둔다는 점에서 그의 주식 투자 방식은 매우 모범적인 것으로 그려진다. 실제로 주식시장이 경제 전반에 긍정적인 영향을 끼치려면 우량 기업의 투자를 뒷받침하고 그 기업이 지닌 실제 가치에 따라 주가가 결정되어야 함이 옳다. 하지만 유감스럽게도 현실에서는 많은 경우 기업의 가치가 주식 가격으로 곧장 연결되는 것은 아니다. 기업의 실적이 대폭 향상되었어도 그 기업의 주가에는 아무런 영향도 끼치지 못하는 경우가 존재하고 기업의 실적이 내내 저조한 경우에도 다른 요인들로 인해 오히려 주가는 고공 행진을 펼치는 경우도 생겨난다. 실물시장의 결과가 주식시장에 올바르게 반영되는 것이 아니라 단지 금융시장 내에서 벌어지는 기관투자자들의 작전이나 이를 따르는 투자자들의 심리적 반응과 거래 성향에 따라 주식 가격이 오르락내리락하는 경우가 다반사다.

가계 소득은 점점 줄어들고 부채는 점점 늘어 가는 상황이 지속되고 있음에도 일반 국민들의 주식 투자가 보편화되어 가고 있는 현상은 어떠한 의미를 갖는 것일까? 임금 소득만으로는 대출 없이 내 집 마련이 힘들고 예금 금리는 형편없는 까닭에 저축을 통해 자산을 키우는 것도 힘든지라 너도나도 단기간의 고소득을 노리며 주식 투자에 뛰어든다. 하지만 불행히도 주식시장은 서로가 윈윈하는 게임이 아니다. 얻은 사람이 있으면 어딘가엔 그만큼 잃은 사람이 있기 마련이다. 자본력도 미약하고 내부 정보에도 어두운 개미들은 거대 외국자본이나 기관투자자들의 움직임을 뒤늦게 쫓아다니다 결국 그네들의 자본을 더 확장시키는 데에 일조하고 끝을 맺는다. 하지만 어디에도 보상은 없다. 사실 주식시장의 구조는 전혀 공정하지도 안정적이지도 않다. 누구나 자유롭게 자신이 원하는 주식을 제한 없이 살 수 있다고 말하는 이가 있을지는 몰라도, 동일한 기업의 주가가 열 배로 올라 수익을 거둘 수 있게 되었을 때 그 주식을 십만 원어치 산 이와 십억 원어치를 산 이의 수익은 대체 몇 배의 차이가 나는 것일까?

주식시장은 마치 모두에게 투자의 자유와 기회의 평등을 보장해 주고 있는 듯 선전되나 근본적인 경제적 불평등을 치유해 주는 수단을 전혀 갖추고 있지 못하다. 부동산 시장이나 다른 금융시장과 마찬가지로 주식시장을 통한 단기간의 고수익은 노동을 통한 임금 소득의 가치를 훼손시킨다. 계층 간 보유 자본의 격차는 투자액의 격차로 이어지고 이는 다시 더 커다란 수익 격차로 이어지는 까닭으로 주식시장의 구조 자체가 부의 양극화를 더욱 심화시킨다고 할 수 있다. 또한 과도한 주식 투자로 인한 가계의 저축률 감소는 은행의 부실과 금융시장 전반의 불안정성으로 이어진다. 수익률에 제한이 없는 주식 투자의 증가는 상대적으로 금리가 낮은 예금의 기초를 무너뜨리고 이는 부동산 소유자들의 임대료를 증가시키는 데에 영향을 끼친다. 만일 더욱 안정적인 금융시장의 여건을 조성하고자 한다면 주식시장의 수익률을 예금 금리와 연동시켜 일정 한도 내로 제한시키는 관련 법안이 마련되어야 할 것이다. 또한 주식시장을 더욱 공정한 시장으로 만들고자 한다면 주식 투자액의 크기에 따라 수익률을 형평성 있게 차등 적용하는 법안 또한 마련되어야 옳다. 보다 정확히 말해 버핏이 억만장자로 자수성가한 주식 투자의 '귀재'일 수 있는 것은 현재의 주식시장이 이렇듯 다분히 불공정한 도박판이라는 전제하에 그러할 수 있을 뿐이다.

신자유주의화의 일환으로 급속히 진행된 금융자유화로 인해 미국의 월가를 중심으로 한 글로벌 금융시장의 발달이 이렇듯 한편에 소로스나 버핏과 같은 투자의 귀재들을 만들었다면, 다른 한편 미국의 헤게모니를 중심으로 하여

전 세계를 연결하는 통신 시장의 발달은 빌 게이츠나 스티브 잡스, 마크 저커버그와 같은 또 다른 '천재'들이 억만장자로 성장할 수 있는 배경이 된다. 시가총액 기준으로 세계 기업들의 순위를 매겨 보면 최상위 5개 기업들은 모두 미국의 테크 기업으로 애플, 구글, 마이크로소프트, 아마존, 페이스북이 이에 해당한다. 이들 기업들은 인수 합병을 통해 통신 시장에 등장하는 잠재적 경쟁 기업들을 초기 단계에 흡수함으로써 독점 체제를 공고히 하고 있다.

마치 세간에서는 세계인들이 빌 게이츠의 업적 덕분에 누구나 쉽게 개인용 컴퓨터를 통해 인터넷으로 세계를 여행할 수 있게 된 것처럼 여겨지나 이것도 실상은 꼭 그렇지만은 않다. 인터넷의 모체가 되는 '아르파넷'은 어느 개인의 천재적 두뇌에서 비롯된 것이 아니라 원래 미 국방부가 국가적 차원에서 군사적 목적으로 계획한 것이었다. 달리 말하자면 그것은 미국인 다수의 세금이 기초가 된 정부의 예산을 통해 이루어진 것이다. 1970년 말에 이르러 아르파넷의 규모가 점점 확대되어 군사용과 연구용으로 분리되고, 연구용 네트워크는 더욱 발달하여 대학 연구소나 일반 영리 기업들이 접속할 수 있게 되면서 인터넷 산업의 발달은 더욱 본격화된다. 미국의 공적 자본을 바탕으로 만들어진 기존의 네트워크 기반이 마련되어 있지 않았다면 마이크로소프트사에 의한 지금과 같은 모습의 인터넷 시장의 발달도 가능하지 못하였을 것이다.

우리가 인터넷을 이야기할 때 빌 게이츠 말고도 먼저 기억해야 할 이름이 있다. 영국의 컴퓨터 과학자 팀 버너스 리다. 버너스 리는 세계의 정보망을 하나로 묶는 인터넷 시스템인 월드 와이드 웹(www)을 창안하고 웹과 컴퓨터를 연결하는 HTTP 방식과 사이트에 접속할 수 있는 인터넷 주소인 URL 방식을 고안하였다. 지금까지도 변함없이 쓰이고 있는 이 시스템들을 발명한 버너스 리는 당시 이 기술들을 특허를 통해 개인의 부로 사유화하지 않고 인터넷 사용자들 누구에게나 무료로 제공하며 인터넷의 자유로운 이용을 주장하였다. 새로운 가치를 창조하는 것과 돈을 많이 버는 것은 비슷한 듯하면서도 좀 다른 이야기다. 새로운 가치를 지닌 상품이 생겨나고 그 상품에 전에는 없던 가격이 매겨져 화폐의 가치가 증가하면 그 새로운 상품의 판매자는 기존 상품의 판매자들보다 자연스레 더 큰돈을 벌게 될 것이다. 그렇지만 새롭게 창출한 가치를 상품화하여 판매 수입으로 연결시키지 않는다고 해서 그 새로운 가치의 효용이 사라지는 것은 아니다. 빌 게이츠가 대중들이 기억하는 '천재'일 수 있는 까닭은 그가 국경을 넘나드는 전 지구적 통신 시장에서 별다른 고민 없이 세계인을 상대로 그가 개발한 기술들을 효과적으로 상업화하는 데에 성공할 수 있었기 때문일 것이다.

미국의 상위 1퍼센트 안에서도 상위 0.1퍼센트가 차지하는 소득은 점점 더 늘어나고 있다. 금융위기가 일어나기 전인 2007년에 미국에서 상위 0.1퍼센트 가구의 평균 소득은 하위 90퍼센트 가구의 평균 소득보다 220배나 많았다. 부의 분배 측면에서의 불평등은 소득의 불평등보다 훨씬 심각해서, 상위 1퍼센트의 부자들이 국부의 3분의 1 이상을 소유하고 있었다.[1] 미국의 사정이 이러한데, 미국의 자본과 언어와 언론이 한국의 대중 매체와 대중들의 의식 형성에 지배적인 영향력을 행사하고 있는 탓에 한국인들에게 세계화란 많은 경우 미국화와 동일시된다. 따라서 스웨덴, 덴마크, 노르웨이와 같은 소득불평등 정도가 낮은 북유럽 국가들은 한국의 일반 대중들에게 그리 친숙하지 않을 뿐 아니라 미국과 같은 나라에 비한다면 그 나라들에 대한 정보의 유통량과 활용도도 매우 빈약한 수준이다. 한

---

[1] 『불평등의 대가』, 조지프 스티글리츠 저, 이순희 역, 열린책들, 2013 참조.

국의 일반 국민들에게 북유럽 국가들은 그저 막연히 복지국가라는 이름만으로 희미하게 기억될 뿐이거나 아니면 그 존재 자체마저도 잘 인식되지 못하고 있다. 미국이라는 거대한 사이비 모델에 가려져 그 나라들은 한국인들에게 가능한 사회적 모델의 구실조차 제대로 하지 못하고 있는 형편이다.

그러한 까닭 중 하나는 그 나라들이 지리적으로 한국으로부터 멀리 떨어져 있는 이유도 있을 것이겠지만 그보다도 그들이 택한 사회민주주의라는 이름이 우리에게는 어딘가 이데올로기적 반감이나 불편함을 유발하는 탓도 있을 것이다. 미국의 경우에만 보더라도 민주당 출신의 대통령이 사회 개혁안을 내놓으며 부유층을 압박하려 들 때에 공화당 측에서는 "당신은 사회주의자냐."라는 말로 대통령을 수세에 몰아넣는 경우를 심심치 않게 볼 수 있다. 재미있는 것은 이러한 비판을 받는 측에서도 "나는 사회주의자가 아니다."라는 입장을 지키기 위해 고군분투한다는 것이다. 다시 말해 나는 자본주의의 옹호자이지 자본주의에 반대하는 사회주의자가 결코 아니라는 것을 부인되어서는 안 되는 지고한 가치로 전제하고 있는 것이다. 하지만 우습게도 사회주의는 자본주의에 반대되는 것이 아닐뿐더

러 사회주의적 요소를 자본주의와 결합시켜 다른 여느 나라들보다도 더욱 자유롭고 평등하며 경제적으로도 윤택한 사회를 이룩하고 있는 모습을 우리는 북유럽 국가들에서 찾아 볼 수 있다.

우리 한국인들이 북유럽 나라들만큼의 복지국가를 구현하고 있지 못한 까닭은 무엇일까? 그것은 무엇보다 열린 공동체로서의 진정한 '우리'의 결여다. 많은 경우 한국인들이 공유하는 집단주의가 내세우는 '우리'에는 한국의 지정학적 운명으로부터 기인한 배타적 구도의 전제가 뿌리 깊이 박혀 있다. 공산주의자에 반대되는 미국식 자본주의 옹호자로서의 우리, 일제시대의 역사적 경험으로부터 기인한 민족 간 우열의식에 사로잡힌 우리, 이와 더불어 한민족 안에서 지연과 학연으로 구분되는 우리, 그리고 긴 독재 정권의 현대사 속에서 가족이나 군대 외에는 이렇다 할 공동체를 가져 보지 못한 우리. 많은 경우 한국인들에게서 '우리'의 행복은 우리 가족이나 친족의 행복으로 축소되고 사회 전체의 이익은 나의 연줄이 닿아 있는 집단의 이익에 비할 때 부차적인 것이 된다. 우리는 우리의 가족이 어디까지나 우리의 국가 또는 우리의 사회 안에 있음을 잘 깨닫지 못한다. 유감스럽게도 우리가 국가를 부르짖을 때는 북한이 우리를 향해 도발을 감행할 때나 아니면 올림픽 대회에서 한국 선수가 금메달을 목에 걸고 애국가를 울려 퍼지게 할 때 정도이다.

게다가 우리는 사회 전체나 국가 전체의 경제를 사고하는 습관도 별로 없다. 대부분의 경우 그보다는 나의 주식, 우리 가족의 집값이 우선이다. 내가 나의 가족보다 경제적으로 취약한 계층에 앞서 나의 가족만을 우선시하고 중시하는 분위기 속에서라면 북유럽 국가들에서처럼 사회 구성원 전체를 위한 보편적 복지의 실현을 기대하기란 실로 어려운 일이다. 다른 집의 아이가 아닌 오직 나의 아이가 먼저 좋은 교육을 받고 더 상위권 대학에 입학하기를 희망하는 욕망은 과도한 사교육의 의존과 공교육의 피폐화를 동시에 불러온다. 교육 구조와 사회 구조는 동면의 양면과도 같다. 서열화된 교육 구조는 위계화된 사회 구조를 낳고 불평등하고 양극화된 사회 구조는 다시금 부모의 경제력에 의해 좌우되는 교육 구조를 공고히 한다.

아이들에게는 과도한 학업 시간과 명문대 입학을 강요하며 한국의 부모들이 찾는 경제 코너에 진열된 서적의 제목들을 보자. 『주식투자 무작정 따라하기』, 『대한민국 부동산 투자의 미래』, 『나는 가상화폐로 3달 만에 3억 벌었다』. 많은 한국인들에게 경제는 그 본래적 의미에서 더 이상 경제가 아니라 '재테크'만을 의미한다. 재테크 기술을 터득하며 많은 이들은 경제 공부를 하고 있다고 말한다. 하지만 재테크의 목적은 어디까지나 내가 가진 재산의 증가에 있지 한국 경제 전체의 안정이나 자본 전체의 평등한 분배에 있는 것이 아니라는 것쯤은 누구나 쉽게 이해할 수 있을 것이다. 지난 몇십 년 사이 금융업 종사자들의 소득은 다른 근로자들에 비할 때 왜 그렇게 큰 차이로 상승될 수 있었을까? 우리의 경제에 앞서 나와 내 가족의 경제를 우선시하는 재테크 붐은 금융시장의 과도한 확장에 기여한 바가 크다. 그러나 그간 상위 1퍼센트가 증가시킨 부의 크기에 비한다면 다수가 이루어 낸 재산 증식의 크기는 사실 미미할 따름이다. 헬조선은 누가 만드는가? 그것은 비단 정부의 탓, 재벌만의 탓인가?

2 자본주의의 위기들

- 통제되지 않는 자본의 축적과 소득불평등

경제위기가 닥칠 때마다 언론들은 세기에 한 번 일어날 만한 유례없는 위기라고 이야기하지만 19세기 대규모 생산 시스템과 국가 간 시장을 바탕으로 한 자본주의 체제가 성립한 이래 위기는 10~20년마다 주기적으로 늘 발생해 왔다. 다만 그것이 몇몇 국가나 일정한 지역에 머물러 세계적 위기로 번지는 것이 지체되든가 아니면 그것이 더욱 확산되어 세계 경제위기로까지 이어지든가 하는 점이 다를 뿐, 생산 활동의 주체가 오로지 시장에 맡겨지고 고용과 소득이 공적 주체에 의해 고르게 분배되지 않는 현재의 자본주의 시스템하에서는 과잉생산과 대량 실업, 과도한 부채와 금융위기는 항상 지속되고 반복되는 문제이다.

19세기만 들여다보아도 세계 경제위기는 1819년, 1825년, 1837년, 1857년, 1866년, 1873년, 1893년 수차례 반복되었고, 20세기 들어서는 1차 세계대전과 1930년대 대공황을 거친 후, 40년대 2차 세계대전 시기와 50~60년대 이른바 '황금기(보다 정확히 말해 이 '황금기' 동안 실제로 호황을 누렸던 나라들은 미국과 서유럽 몇 나라와 일본에 한정될 뿐이다)'를 제외하고는 70년대 스태그플레이션을 시작으로 80년대 남미의 채무위기, 90년대 북유럽과 동아시아의 위기, 90년대 말 러시아, 에콰도르, 파키스탄의 위기 등이 연속되었으며, 21세기 초 우크라이나를 시작으로 튀르키예, 아르헨티나, 우루과이, 브라질 등의 위기가 발발하였고 2008년에 이르러서는 미국발 금융위기가 전 세계를 강타했다.[2]

19세기 초 나폴레옹 전쟁 기간 동안 동맹국들에게 금융원조를 제공하며 영국은행은 국제대부의 중심으로 자리 잡았는데, 영국을 중심으로 성장한 국제적 금융시장은 이후 철도와 전신의 발달에 힘입어 급증한 국제무역을 통해 더욱 확장된 세계자본시장을 형성했다. 국가 전체를 아우르는 생산 시스템을 통해 축적된 거대 산업자본과 국경을 넘나들며 몸집을 불린 초국적 금융자본이 국내적으로나 국제적으로나 별다른 분배 및 재분배 과정을 거치지 않은

---

[2] 『위기경제학』, 누리엘 루비니·스티븐 미흠 저, 허익준 역, 청림출판, 2010 참조.

채 특정 계층의 손을 통해 세계 이곳저곳으로 몰려다니며 주기적인 경제위기를 발생시키고 있는 것이다. 여기서는 20세기 이후 세계 전체를 휩쓸었던 세 번의 커다란 경제위기인 30년대의 대공황과 70년대의 스태그플레이션, 그리고 2008년 서브프라임 모기지 사태를 중심으로 세계 경제위기와 소득불균형 간의 연관 관계를 살펴보도록 하자.

1차 세계대전 이후 세계경제의 중심으로 떠오른 미국은 1920년대 찬란한 번영을 맞이한다. 이 시기를 통해 미국의 GNP는 59퍼센트가 증가했으며, 다우지수는 400퍼센트까지 상승했다. 그러하던 미국 경제는 1929년 주식시장의 붕괴를 시작으로 1934년까지 무려 8만 5천 개 이상의 기업이 도산하고 2만 5천 개 중 만 개에 가까운 은행들이 문을 닫게 된다. 생산설비와 기술자들은 넘쳐났으나 실업자가 거리에 즐비했고 창고에는 상품들이 가득했지만 사람들은 그것을 살 돈이 없었다. 당시의 이러한 상황을 두고 프리드먼 같은 통화주의자들은 대공황의 근본 원인이 당시 금융당국의 부재한 통화정책에 있었다고 주장한다. 정부와 중앙은행이 화폐를 발행하여 기업들과 은행들에게 적절한 시기에 자금을 조달하였다면 그와 같은 대규모의 도산과 파산은 막을 수 있었을 것이라는 주장이다.

그와 같은 주장에 아주 일리가 없는 것은 아니다. 그러나 그것은 현재의 위기를 잠시 잠재우고 앞으로 다시 이어질 또 다른 위기를 예고하는 방책일 뿐, 위기 자체를 근절시키거나 치유할 수 있는 근본적 대책은 될 수 없다. 이는 대공황의 근본 원인을 단순히 화폐의 문제로만 다룰 뿐, 그러한 화폐의 문제가 보다 근본적인 기저에 깔려 있는 총체적인 사회·경제적 불균등으로부터 유래한다는 사실을 간과하거나 은폐하는 것이기 때문이다. 1920년대 미국 사회가 누렸던 번영의 시기는 그 안을 들여다보면 기업의 이윤이 60퍼센트 이상 증가했던 반면 노동자의 실질 소득은 10퍼센트를 약간 웃돌았던 시기였다는 것을 알 수 있다. 또한 이 시기 동안의 경제 성장은 실업자를 양산하여 노동력을 절감함으로써 기업의 이윤을 거대화시킨 결과였다. 1923년부터 1929년에 이르는 이 호황의 시기 동안 공업생산 전체는 20퍼센트가 늘었지만 임금노동자의 총수는 반대로 7.6퍼센트가 줄었다.

사실상 20년대의 주요한 경제 성장의 동력은 자동차나 라디오, 냉장고 등의 새로운 내구소비재 산업의 발전이었다.[3] 상공업기업들은 이러한 산업의 발전을 통해 획득한

---

3) 『세계대공황』, 김수행 저, 돌베개, 2011 참조.

이윤의 대부분을 고용 확대나 새로운 산업의 개발에 사용하는 대신, 증권에 투자하거나 상업은행에 저축하였는데 상업은행은 이 자금 역시도 단기 금융시장인 콜시장에 대출하여 증권거래를 더욱 증가시킴으로써 주식시장이 크게 과열되는 결과를 낳았다. 그러나 새로운 산업의 전개가 이루어지지 않고 실업률이 증가하며 임금이 정체되는 상황이 이어지면서 내구소비재를 소비할 경제주체들의 경제적 지반이 침식당하자 생산 활동에 타격을 입은 상공업기업들은 주식을 팔거나 은행으로부터 자금을 대거 회수하였고 자금을 공급받지 못하게 된 은행과 증권 회사들이 앞다투어 증권을 내다 팔면서 거대한 불길처럼 솟아올랐던 뉴욕 증권시장은 1929년 10월 순식간에 붕괴하고 만다.

대공황이 지속되던 1932년 대통령으로 당선된 루즈벨트는 사회보장법을 제정하여 노동조합의 권리를 강화하고 최저임금을 규정하는 등 저소득층 보호에 나서는 한편, 증권거래소 감독 기관과 예금자의 예금을 보장하기 위한 연방예금보험공사를 설립하고 투자은행과 상업은행을 분리함으로써 은행의 증권업 겸영을 막는 글래스-스티걸법을 제정하는 등 다른 한편으로 금융개혁을 단행했다. 정부에 의한 공공사업을 통해 실업자가 감소하고 새로 설립된 사회보장제도에 따라 저소득층 및 노인층에게 마련된 수당으로 인해 국민들의 소비재 수요가 증가함으로써 1937년 미국은 1929년의 국민소득 수준을 다시 회복하게 된다. 정부의 재정 마련을 위해 루즈벨트가 선택한 것은 중앙은행을 통한 대규모의 화폐 발행이나 금융기관으로부터의 차입이 아니었다. 상업은행과 투자은행을 분리하여 증권업의 확장으로 비대해져 가던 상업은행의 규모를 축소함으로써 상업은행의 안전성을 강화하여 실물경제에 끼칠 수 있는 금융시장의 불안정적 요인을 줄이는 한편, 다른 경제 주체와는 달리 오직 정부만이 지닌 권리로서 경제 전반에 보다 직접적인 효과를 불러올 수 있는 과세 정책을 적극적으로 수행했다.

2017년 현재 미국의 개인 최고 소득세율은 40퍼센트를 밑도는 반면, 1944년 네 번째 재집권에 성공했던 루즈벨트는 당시 소득세의 최고세율을 94퍼센트까지 인상했었다. 1930년대 초반 루즈벨트가 등장하기 이전 미국은 철도 산업이나 제조업 등으로 억만장자가 된 록펠러, 카네기, 포드 등 억만장자들의 시대였다. 당시 미국 정부는 소득 재분배에 대한 별다른 정책을 갖고 있지 않았고 의료보험 등과 같은 사회보장제도도 마련되어 있지 않았기 때문에 대공황 이전 시기는 소수의 부자들에게는 매우 호의적인 시대였던 반면 그렇지 못한 이들에게는 혹독한 시기였다. 대공황 이후 전개된 루즈벨트의 뉴딜 정책은 부자들에 대한 세금 인상과 노동자들에 대한 임금 인상 및 실업보험제도 등을 실현시키면서 미국의 모습을 바꾸어 놓았다. 부의 재분배는 안정된 중산층 가구의 비율을 증가시켰으며 중산층 가구의 실질소득 역시 크게 증가했는데 이는 향후 미국 경제의 호황을 뒷받침했다. 소득불평등 문제가 완화된 것은 무엇보다 부유층에 대한 조세 정책의 결과였다. 상한선이 24%에 그쳤던 소득세가 루즈벨트 취임 이후 63%로 오르고 1950년대 중반에는 90%를 넘어섰다. 상속세는 20%였던 것이 45%에서 후에는 77%까지 인상되었고, 아쉽게도 소득세나 상속세 수준까지는 아니었으나 법인세 역시 얼마간 증가하였다.

심각한 경제적 불평등 없이 황금기를 구가하던 미국 사회가 70년대 초반 물가와 실업률이 동시에 치솟는 스태그플레이션을 경험하게 된 까닭은 무엇일까? 오일 쇼크라는 보다 직접적인 원인이 위기를 일으킨 계기가 되었던 것은 분명하나 근본적 원인은 그보다 더 오래된 지평 위에 있었다. 1944년 브레튼우즈 체제가 출범하기 전 케인즈는 어떠한 국가에게도 특권적인 통제권이 부여되지 않는 공통의 세계적 통화를 도입할 것을 주장했다. 그러나 당시 세계 경제의 헤게모니를 쥐고 있었던 미국의 선택은 달랐다. 케인즈안을 버리고 미국이 선택한 금달러본위제는 이미 시행 초기부터 유동성 딜레마를 안고 있었다. 50년대와 60년대에 걸쳐 급속히 확대된 세계경제 전체의 거래량을 미국이 지니고 있던 한정된 금 보유량에 모두 담아내기란 불가능한 일이었다.

다른 한편으로, 소련까지를 포섭하여 팍스 아메리카나의 건설을 시도하려 하였던 루즈벨트의 의도와는 사뭇 다르게, 루즈벨트의 갑작스러운 사망 이후 정권을 계승한 트루먼은 미국이 지향하는 자유주의적 세계의 이념을 모든 공산주의 국가들에 대한 방어와 적대로 제한시켰다. 50년대 미국의 적대국들이 미국의 규제를 피해 영국 은행들에 달러를 예치하면서 형성되기 시작한 역외시장인 유로달러 시장은 중앙은행의 규제를 받지 않았고 높은 이자율과 조세혜택을 제공했기 때문에 곧 뉴욕의 은행들까지 가세해 1961년에 이르면 미국 은행은 유로달러 사업의 50%의 지분을 차지할 정도가 된다. 유로달러시장에 공급된 막대한 달러 유동성을 바탕으로 한 미국 법인자본의 초국가적 팽창은 결국 미국과 세계를 다시금 위기 속으로 밀어 넣었다.

앞서 이야기했듯이 미국의 패권주의에 기반한 브레튼우즈 체제는 국가 간 무역과 투자의 확대로 인해 지속적으로 증가하게 될 전 세계의 통화량을 미국이 보유한 한정된 금의 양에 종속시키려 하였다는 점에서 이미 출발부터 한계를 지닌 것이었다. 금환본위제하에서 달러가 신인도를 유지하려면 달러는 금의 한도 내에서 발행되어야 한다. 만약 미국 외의 다른 국가들이 보유한 달러가 미국의 금 보유량을 초과할 경우에는 미국은 금태환 능력을 상실하여 금환본위제를 유지하기 어렵게 될 것이다. 브레튼우즈 체제하에서 미국의 달러는 금 1온스당 35달러로 고정되어 있었기 때문에 미국은 국제수지 적자가 발생할 경우 달러의 가치를 마음대로 절하하지 못하고 달러를 추가로 발행하는 방법을 택했다. 또한 트루먼 독트린하에 수행된 미국의 냉전정책은 공산화의 저지를 목표로 유럽과 아시아, 중남미 국가에 끊임없는 달러 원조를 수행하는 내용을 담고 있었고, 베트남 전쟁을 위한 대규모의 달러 발행까지 이어지면서 미국은 극심한 인플레이션을 경험하게 된다.

이렇듯 막대한 양으로 발행된 달러 가치의 급격한 하락으로 인해 금 가치가 상승하고 다른 국가들의 금태환 요구가 쇄도하면서 더 이상 금을 내줄 수 없게 된 미국은 마침내 1971년 금태환 정지를 선언하게 된다. 인플레이션은 비단 미국에 한정되었던 것이 아니라 달러를 보유하고 있던 다른 국가들에게도 공통된 현상이었다. 또한 50년대와 60년대 일부 국가가 누릴 수 있었던 황금기 동안 누적된 과잉생산은 60년대 중반부터 이윤율 하락으로 이어져 생산에 재투자되지 못하였으며, 선진국들 간 또는 선진국과 후진국 간의 심각한 소득불균형으로 인해 대량 소비로도 연결되지 못한 채 장기간의 침체를 불러왔다.

70년대의 세계적 경제위기가 금본위제로부터 비롯된 것이든 냉전 체제라는 소모적인 이념적 대립으로부터 비롯된 것이든 그것의 근본적 원인은 어디까지나 한 국가에 의해서도 국제기구에 의해서도 통제받지 않았던 거대 자본들의 움직임과 이러한 움직임을 가속화한 미국과 IMF에 의한 제한 없는 유동성 공급에 있었다. 이렇듯 거대한 초국적 자본의 거래와 축적에 대한 어떠한 국제적 규제 방안도 마련되어 있지 않은 상황에서 1973년 고정환율제가 붕괴되고 변동환율제가 실시된 것은 앞으로 또 한 번의 더욱 커다란 경제위기를 예고하는 것이었다. 타국의 재화나 서비스를 획득하려는 목적과는 무관하게 외화는 이제 더욱 쉽게 단순한 환투기의 수단으로 기능하게 되었으며, 또한 변동환율제하에서 환율의 급격한 변동으로 인해 발생될 수 있는 환차손을 줄이기 위해 자본은 현재의 실질적 가치가 아닌 미래의 아직 실현되지 않은 가치에 의존하는 선물이나 옵션 등의 여러 파생상품들을 적극 활용하게 되었다.

케인즈 시대가 막을 내리게 된 것은 국경을 넘나드는 거대 자본들에 대한 국내의 효과적인 규제 정책들이 부재하였기 때문일 것이다. 그러나 신자유주의자들은 이러한 상황을 그들만의 방식으로 다르게 해석했다. 국가에 의한 초국적 자본의 규제가 부재하는 상황을 그들은 단순히 규제가 불가능한 상황으로 해석했다. 그들은 국내에서 새로운 규제 정책을 마련하거나 또는 국제적 차원의 공통의 규제 방안을 마련하는 대신 국가로부터의 탈규제를 외치며 거대 자본들에게 더욱 커다란 자유만을 허용했다. 그 결과 50~60년대 20여 년 동안 1퍼센트 정도의 소득 증가를 보였던 미국의 고소득층은 레이거노믹스 아래 시행된 부유층의 감세 정책을 통해 80년대에는 평균 4배 이상의 소득 증가를 기록하게 된다.

연준의 규제를 벗어난 새로운 금융상품들은 수익성이 높은 대신 위험도 컸기 때문에 금융의 불안정성을 심화시켰다. 1980년대 이전까지 금융 부문은 제조업 부문과 비교해 볼 때 더욱 엄격한 규제를 받아 왔다. 그러나 새로이 등장한 신자유주의 정부들에 의해 세계적인 금융자유화 조치가 단행되면서 사정은 달라졌다. 1980년대 중반 영국이 '금융 빅뱅'을 통해 외국인에 의한 직접투자와 증권투자를 허용하자 미국을 비롯한 다른 국가들 역시도 잇달아 주식시장을 개방함으로써 런던과 뉴욕 증권거래소의 경제적 파급력은 전 세계로 곧장 연결되었다. 또한 헤지펀드나 사모펀드, 투자은행 등 은행과 유사한 업무를 하면서도 금융당국의 규제를 받지 않는 그림자금융 시스템의 급속한 팽창은 각종 파생상품의 거래를 급격히 확대하였으며 이는 경제 전반의 과잉 금융화를 야기하였다. 복잡한 금융공학의 발달은 이를 다루는 소수의 금융 부문의 종사자들에게 엄청난 고소득을 안겨다 주었다. 2차 세계대전 이후 30년간 미국은 전 계층의 국민들이 대체로 고른 소득 증가를 경험했지만, 2008년 위기 이전의 30년간은 실질소득 증가분의 58퍼센트를 최상위 1퍼센트가 차지했다. 이 기간 동안 하위 20퍼센트는 세후 실질소득이 18퍼센트가량 증가한 반면, 1퍼센트의 최상위 계층은 275퍼센트가 증가했다.[4]

---

4) 『파국에서 레짐 체인지로 - 채무 노예의 길과 구체제 해체의 갈림길』, 최배근 저, 집문당, 2013 참조.

1999년 미국은 금융서비스현대화법을 제정하여 은행업무와 증권업무의 겸업을 금지하였던 1933년의 글래스-스티걸법을 폐지하기에 이른다. 은행들은 대출채권을 만기까지 보유하여 미래에 발생할지 모를 차입자의 연체 위험을 떠안는 대신 이를 증권으로 만들어 재판매하는 방식을 택했다. 대출 자산의 위험을 다수의 투자자에게 분산시킴으로써 은행들은 재무 안정성을 높이는 효과를 보았고 이를 통해 연체 위험이 높은 저소득층에게까지 무리한 대출을 확대할 수 있었다. 수입이 불안정하거나 신용등급이 턱없이 낮은 사람들에게 고금리로 주택 마련 자금을 빌려주는 서브프라임 대출을 통해 은행들은 높은 이자 수익을 취했다. 그러나 이는 실제 채무자들에게 존재하는 채무 불이행의 위험을 다른 곳으로 전가시켜 거래의 직접성과 투명성을 저하시키는 방법에 불과할 뿐 채무자들의 실제적인 소득 증가 및 채무이행 능력의 증가와는 연결되지 않는 까닭으로 은행들은 은행들 스스로의 위기를 자초하였다고 해야 할 것이다. 대출기관들은 주택 구입 열기의 확산으로부터 비롯된 부동산 가격의 상승을 부채질하면서 경우에 따라서는 자체 자산의 20~30배나 되는 액수를 다른 기관으로부터 대출받아 이를 다시 대출 업무에 이용하는 레버리지 거래를 일상화했다. 1981년 미국의 가계부채는 GDP의 48퍼센트이었던 데 비해 2007년에는 100퍼센트 가까이에 이르렀는데 이 부채의 대부분은 주택부문의 레버리지 형태로 이루어져 있었다. 또한 이 기간 동안 미국의 금융부문의 부채 역시 무려 다섯 배가량 증가했다.[5]

  2006년부터 미국 부동산 거품이 꺼지고 가격이 하락하기 시작하자 서브프라임 연체율이 증가하였으며 서브프라임 대출기관들이 도산하고 이어서 이 모기지 상품과 연동된 증권화 자산을 가지고 있던 각종 금융기관들로까지 위험은 확산되었다. 2008년 리먼브라더스의 파산을 비롯한 서브프라임 붕괴는 미국을 넘어 세계 각국으로 퍼져 나갔는데 이는 월가에서 발행된 각종 파생상품들이 전 세계 해외투자자들에 의해 구입되었던 사실을 생각하면 당연한 결과였다. 부동산 호황 때 외국 은행들과 연금펀드, 투자은행들은 앞다투어 CDO나 MBS 같은 파생상품들을 사들였는데 이러한 파생상품을 통한 자산가치 증식의 발원지는 어디까지나 미국의 가난한 사람들인 서브프라임 대출자였다. 위험의 발원지를 은폐하면서 실현 가능성이 보장되지도 않는 고수익을 예상하며 발행되고 거래되는 각종 파생

---

5) 『위기경제학』, 누리엘 루비니·스티븐 미흠 저, 청림출판, 2010 참조.

상품들은 과거에 비해 최근 몇십 년간 비전문가들은 이해할 수도 없을 정도로 그 복잡성과 난해성이 증가하였다. 그러나 그것이 가진 심각한 불투명성에도 불구하고 파생상품들은 이렇다 할 규제 없이 누구에 의해서든 손쉽게 거래될 수 있도록 일반화되었으며, 그것이 실현할 것으로 예상되는 수익률은 거미줄처럼 얽힌 전 세계 금융 시스템을 통해 확대되고 과장되어 왔다.

신자유주의 정부가 추구한 부유층 감세와 금융자유화는 곧장 소득불균형 문제로 이어졌음을 확인할 수 있다. 2007년까지 세계 인구의 상위 20퍼센트가 글로벌 전체 소득의 70퍼센트를 차지한 반면 하위 20퍼센트는 고작 2퍼센트를 차지했다. 그리고 최상위층 0.1퍼센트로의 소득 집중은 주로 금융부문에서 이루어졌다. 세계적인 경제 공황과 경기 침체 직전의 시기에 소득 격차는 그때마다 최고점을 기록했다. 새즈(Emmanuel Saez)와 피케티(Thomas Piketty)의 연구에 따르면 1928년과 2007년 두 시기 모두 총소득 중 상위 1퍼센트에 돌아간 몫은 23퍼센트를 넘는 최고치에 달했고, 최상위 0.1퍼센트에 대해서도 마찬가지였다. 부유층은 그들이 가져가는 소득의 액수에 비할 때 그에 달하는 소비를 일으키지는 않는다. 그들이 저축하거나 투자한 자산의 대부분은 다른 누군가에 의한 대출로 연결되거나 금융시장 안에서 이러저러한 상품들로 변형되어 거듭되는 불로소득을 낳을 뿐이다. 소득불평등이 심화되고 저소득층이 확대됨에 따라 이는 전반적인 소비 위축으로 이어지고 저축도 소비도 어렵게 된 저소득층은 대출에 의존하여 가계를 꾸리게 된다. 가계의 소비 위축은 상공업 기업들의 매출 부진으로 이어지고 이는 기업들로 하여금 신규 투자를 꺼리게 만든다. 기업들의 투자 약화로 인해 은행들은 기업들에게 돈을 빌려주고 기업들이 사업을 통해 창출하게 되는 수익을 공유하는 대신 가계를 대상으로 하여 예금이자를 낮추고 대출이자를 올리는 방식으로 가계대출에 의존하여 수익을 올린다. 그러나 일자리가 줄어들고 소득이 증가하지 않는 상황에서 계속되는 가계대출은 은행들에게 채무 상환을 보장해 줄 수 없을 것이 뻔하고 이는 결국 총체적인 금융위기를 불러오게 된다.

과잉금융화가 소득불평등을 심화시키고 경제위기를 초래하였다면, 이번에는 불거진 금융위기가 경기를 침체시키고 대규모의 실업을 발생시킴으로써 다시금 소득불평등을 더욱 심화시킨다. 고소득층에게 무거운 세금을 지우고 저소득층의 실질적인 소득 향상을 꾀함으로써 소득 격차를 감소시키지 않고서는 소득불평등과 금융위기 간의 악순환의 고리는 끊어질 수 없는 것이다. 1970년대 말부터 금융위기 전까지 신자유주의 정부는 각종 규제를 해제하고 많은 공공사업을 민영화하였으며 사회 안전망을 축소시키고 상류층의 소득세율을 현저히 낮추었다. 2차 세계대전 이후 대번영 시기에 70~90퍼센트였던 미국의 상류층 소득세율은 레이건 정부 이후 25~39퍼센트로 크게 떨어졌다. 50~60년대 호황기에 일반 근로자들의 30배 정도였던 CEO들의 연봉은 금융위기 직전 340배 이상으로 치솟았다.

금융시장 자유화와 대출규제 철폐 등의 신자유주의 개혁은 비단 미국만의 일은 아니었다. 1982년 보수정권으로부터 권력을 되찾은 스웨덴의 사민당은 은행 대출과 관련해 유동성 비율 제한과 이자율 상한제도를 폐지하고 1989년 본격적인 외환시장 자유화를 통해 스웨덴 금융시장을 세계 금융시장에 통합시켰다. 대출을 늘리기 위해 은행들 간에는 경쟁이 치열해졌고 스웨덴 가구의 부채비율이 높아졌으며 대출받은 돈들이 부동산 시장으로 몰리면서 부동산 가격이 폭등했다. 민간은 대출을 통해 부동산을 구입하고 부동산을 담보로 다시금 대출을 받는 방식으로 자산을 키워 갔다. 독일 통일 이후 1990년을 전후로 경기호황 상태를 보였던 스웨덴으로 독일 금융자본이 대거 유입되면서 스웨덴의 금융시장은 더욱 과열되었다.

2008년의 미국 발 금융위기는 1991년 11월 스웨덴에서 이미 한 차례 예고된 셈이다. 전면적인 자본시장 개방에 따라 스웨덴의 금융기관들은 앞다퉈 해외에서 돈을 빌려다가 가계대출을 더욱 키워 나갔고 가계대출 증가에 따른 유동성 확대로 부동산 가격은 계속 폭등했다. 그러나 1991년 부동산 거품이 급격히 꺼지면서 부실채권이 증가하게 되었고 은행들의 대외신인도 하락에 따라 외국자본이 급속히 빠져나가면서 은행들은 도산 위기에 처했으며 GDP가 감소하고 실업률은 급증했으며 정부의 재정적자 역시 크게 증가했다. 위기 이후 스웨덴 정부가 취한 정책들은 완전고용을 목표로 그간 추진해 온 보편적 복지 모델을 수정하는 것으로 꽤나 우려할 만한 것이었다. 사민당의 뒤를 이은 보수당 정부는 70개 국영기업 가운데 35개의 민영화를 추진했다. 공공분야에 도입된 민영화 정책은 많은 중소기업들의 몰락과 소수 다국적 기업들에 의한 대규모의 독과점 현상을 야기했다.

정부의 강력한 정치적 통제 및 규제를 대체하게 된 시장

지향적 조치들은 비슷한 시기 덴마크나 노르웨이에서도 연금 및 주택정책을 통해 유사하게 이루어졌다. 또한 위기 이후 자본의 해외 이탈을 줄이기 위한 목적으로 1990년대 초부터 신설된 이원소득세제는 스웨덴을 시작으로 노르웨이, 핀란드, 덴마크에 차례로 도입되었는데, 그것의 내용은 근로소득과 자본소득을 구분하여 근로소득에 대해서는 누진세율을 적용하고 자본소득에 대해서는 낮은 수준의 단일세율을 적용하는 것이었다. 이러한 조치가 소득불평등을 심화시키지 않고 금융시장의 안정성을 어디까지 담보해 줄 수 있는 것인지는 여전히 의문의 여지가 남는다. 적극적인 노동시장 정책과 보편적인 복지제도가 모두 훼손된 것은 아니었기에 북유럽 국가들은 여전히 세계에서 가장 낮은 불평등과 낮은 빈곤율을 나타내고 있으며 2008년 금융위기 시기에도 덴마크를 제외하고는 그다지 커다란 영향을 받지 않았지만, 1960년대와 비교해 볼 때 신자유주의 정책의 도입 이후 그들 나라 역시도 소득 격차와 불평등이 심화된 것은 부인할 수 없는 사실이라 하겠다.

그렇다면 신자유주의는 그것이 지닌 많은 문제점을 거듭하면서도 어떻게 반세기가 넘는 기간에 걸쳐 전 세계에서 그토록 성공을 거둘 수 있었을까? 하지만 우리가 이런 물음을 던지는 순간 우리 역시도 우리의 의지와는 무관하게 이미 신자유주의가 펼쳐 놓은 그물에 포획되어 있음을 확인할 수 있다. 왜냐하면 그것은 사실상 결코 성공을 거둔 적이 없기 때문이다. 신자유주의가 자랑하는 성공은 기껏해야 상위 10프로 안팎의 부유층에게나 해당되는 성공이었다고 하는 편이 더욱 옳을 것이다. 신자유주의가 탄생시킨 새로운 자본가 계층과 기존의 국가 권력에 의해 장악된 매스미디어는 마치 그들의 성공이 우리 모두의 성공인 양 화려한 선전을 쉬지 않고 행했다. 그러나 많은 경우, 특히 한국의 경우 그들이 선전하는 고도의 성장률이나 증가된 GDP는 근로자들의 노동 조건이나 삶의 질을 향상시키는 것과 직접적으로 연결된 것이 아니었을 뿐만 아니라, 그러한 결과가 사실상 신자유주의의 성공으로부터 비롯된 것도 아니었다.

자유무역주의, 금융자유화, 공기업 민영화, 노동 유연화 등을 주요 내용으로 하는 신자유주의는 제3세계를 포함한 전 세계의 경제는 아니라 할지라도 초국적 금융자본을 기반으로 하고 있는 미국 경제 전체를 놀랄 만큼 성장시킨 것처럼 보일지도 모른다. 그러나 더 자세히 들여다보면 이것 또한 사실이 아니다. 많은 미국인들은 우리 한국인들처럼 똑같이 푸념한다. 그들은 부모님 세대에는 은퇴할 때까지 다닐 수 있었던 자그마한 직장이 하나 있는 경우라면 가족들이 함께 살 수 있는 집 한 채와 자동차 한두 대를 마련하는 것은 직장에서 주어지는 임금으로 누구든 해결할 수 있는 것이었다고 말한다. 하지만 지금은 사정이 다르다. 많은 경우 미국인들의 노동 조건과 노후는 불안정해졌으며 대출 없이는 집이나 차를 구입하거나 대학 학비를 마련하는 것마저 힘들어졌다.

 2008년 서브프라임 위기 이후 미국 정부와 연방준비은행이 취한 제로금리와 양적 완화 조치들은 미국의 이러한 상황을 호전시키는 데에 어떠한 역할을 하였을까? 서브프라임 사태가 발생한 후 연준은 경기부양을 위해 기준금리를 수차례 거듭 인하하여 제로 수준까지 낮추는 정책을 실시했다. 하지만 경기가 하락하고 있을 때 금리를 인하하면 경기가 다시 상승할 것이라는 믿음은 오직 정상적인 경제 상황에서나 실효성을 가진다. 경제위기 시에는 연준이 0퍼센트로 금리를 낮춘다 하더라도 은행들은 자신들의 유동성을 염려하는 까닭에 여유자금을 내놓지 않기 때문이다. 은행 간 대출 이자율이 제로에 가까운 상황에서 여유자금을 가진 대규모 은행들은 수익을 내기가 어려워지기 때문에 소규모 은행들에 대출을 꺼리게 된다. 따라서 정책금리가 0퍼센트가 된다 하더라도 은행들이 실제 적용하는 시장금리는 훨씬 더 올라서 대출 문턱은 더 높아지는 경우가 발생한다. 정부의 금리 조정 정책은 시장 간 자산의 이동에 변화를 일으켜 주식이나 부동산, 원자재나 물가에 이러저러한 영향을 끼칠 수는 있을지언정 현재와 같은 소득불평등과 부채 문제에 어떠한 근본적인 해결책이 되는 것은 아니다. 그것은 잘못될 경우 특정한 자산시장을 과열시키거나 가계 부채의 고통을 더욱 증가시킴으로써 오히려 더 나쁜 결과를 초래할 수도 있다.

2008년 말 리먼브라더스의 파산 이후 시행된 제로금리 정책이 경기부양 효과를 일으키는 데에 실패하자 연준은 금융시장에 수천억 달러의 유동성 자금을 퍼부었다. 위험에 처한 금융기관들은 자신들의 유해자산을 중앙은행이 발행한 안전한 국채와 교환할 수 있었다. 미국이 경제위기를 탈출하기 위해 시중에 푼 돈은 무려 12조 달러에 달한다. 이 중 1조 달러만 가지고서도 미국 내 모든 임대주택의 집세를 3년간 낼 수 있고, 모든 주택 융자를 14개월간 지급할 수도 있다고 하니 금융기관들에 제공된 돈은 실로 엄청난 것임을 알 수 있다. 시중에 공급된 돈이 넘쳐나도 정작 가계는 돈이 부족하다. 금융기관과 기업에 12조 달러의 지원금을 퍼 주는 동안 2010년 말까지 가계에 지원된 돈은 5천억 달러에 불과했다. 양적 완화로 풀린 돈은 곧장 가계나 기업으로 가지 않고 대부분 은행으로 간 까닭에 이미 과도한 부채로 빚더미에 올라 있는 가계와 기업은 아무리 초저금리라 하더라도 은행의 돈을 마음 놓고 빌릴 수가 없다. 따라서 돈은 실물시장으로 풀리지 않고 은행과 금융권을 맴돈다.

양적 완화 정책은 부실한 금융자산을 떠안고 있던 기업들에게는 호의적인 방안이었을지 모르나 금리 인하 정책과 마찬가지로 실업과 가계부채 문제를 개선하는 데에는 별다른 도움이 되지 않았다. 일자리의 증가나 가계 부채의 탕감을 통해 소득과 소비를 증가시키는 것과는 모두 거리가 먼 정책들이었을 뿐이다. 은행 및 금융기업들에 대한 정부의 무차별적인 구제금융은 다만 구제로 끝나는 것이 아니라 위기 이후 국가 부채의 문제를 심화시킨다. 2007년 연준은 대부분이 정부 채무로 구성된 9천억 달러의 자산을 가지고 있었는데 2년 후 이것은 2조 4천억 달러까지 증가했다.

저축이 아닌 부채에 의존한 가계의 주택 구입은 결국 부동산 시장과 금융시장 전체의 위기로 번질 가능성을 항상 내포하고 있다. 충분한 임금 소득의 증가로 인한 안정적인 형태의 저축이 가능해지지 않는다면 부동산 가격과 임금 소득 간의 현재와 같은 심각한 격차는 자연스레 과다한 가계 부채의 상환 불가능성으로 이어질 것이 뻔하다. 최고 소득에 제한을 둠으로써 한편으로 지나친 임대 소득이나 금융 소득을 억제하여 부동산 가격을 안정화하고 다른 한 편으로는 리스크와 수익률이 높은 금융 상품의 거래를 축소하여 은행의 안전성을 도모한다면 가계와 은행이 동시에 위기에 처하게 되는 일은 한결 줄어들게 될 것이다.

부실해진 은행의 위기는 이를 극복하는 과정에서 정부를 다시 거대한 채무자로 만들어 놓는다. 2017년 미국의 국가부채는 연 GDP의 95퍼센트를 넘어섰다. 가계 부채 역시 주택 관련 부채 이외에도 학자금 대출과 자동차 대출이 계속 늘어나면서 2017년 2분기 가계 총 부채는 12.84조 달러로 금융위기 이전 12.68조 달러보다 더 늘어났다. 그럼에도 내로라하는 신용평가기관들은 미국의 신용등급을 1등급에 해당하는 AAA로 평가한다. 다른 나라들 역시 다소간의 차이는 있지만 대부분 빚더미에 올라앉아 있기는 마찬가지다. 아마도 그것이 표면화되지만 않았을 뿐 본질적으로는 이미 세계 전역의 디폴트화가 진행되었다고 말해야 하는 편이 더 옳을 것이다.

증세 없는 신자유주의 국가들의 통치는 국가를 넘어서는 글로벌 기업에 의한 새로운 통치 질서를 가능케 했다. 가계든 정부든 모두들 과다한 빚으로 신음하고 있지만 그렇다고 어디에도 돈이 부족한 것은 아니다. 뱅크오브아메리카, JP모건체이스, 씨티그룹, 골드만삭스, 모건스탠리 등과 같은 최상위 글로벌 투자은행들은 한 국가의 GDP 총액보다도 더 많은 자산을 가지고 있다. 그러니 언제나 그렇듯 병든 자본주의의 문제점은 자본이 없는 것이 아니라 자본이 치우쳐 있는 것이다. 또한 그렇게 일부에 치우쳐 있는 거대 자본들은 빠른 시간 안에 더욱 손쉽게 더 커다란 자본으로 전화한다. 양적 완화 조치 이후 이렇다 할 투자처를 찾지 못하던 헤지펀드 세력들은 최근 몇 년 사이 새롭게 발달한 암호화폐 시장으로 대거 흘러 들어가 한 해에만 무려 3천 퍼센트가 넘는 수익률을 기록했다. 이러한 가운데 소액 자본으로 단기간에 횡재를 누린 개미 투자자들도 생겨났다.

헤지펀드 투자자이건 개미 투자자이건 간에 그들의 소득이 노동의 가치를 무색하게 만든다는 점에서는 그다지 큰 차이가 없다. 우리는 아무런 공정한 규칙도 아무런 땀과 노동의 대가도 필요로 하지 않는 이러한 세상을 대체 언제까지 이대로 허락해야 하는 것일까? 정부의 규제는 새로운 시장의 발생보다 한발 늦기 마련이다. 파생상품 시장이든 가상화폐 시장이든 또 다른 그 무엇의 시장이든 그 소득이 어디로부터 발생되었는가에 관계없이 전체 소득에 일괄적으로 상한을 규정하는 제도적 장치가 먼저 마련된다면 새로운 시장에 대한 보다 세세한 규제 장치를 마련하기 이전이라도 부의 편중이 더욱 심화되는 상황은 크게 줄일 수 있을 것이다. 소득상한제의 시행을 준비하기 위해 우리는 다음과 같이 물어야 할 것이다. 나의 소득을 통한 기쁨이 다른 이의 슬픔이나 고통과 공존하는 것이 아닌 모두의 기쁨과 연결되는 그러한 세상을 다 함께 만들 수는 없을까?

3 조세개혁, 복지국가로 가는 첫걸음

우리나라는 몇 해 전 국제적으로 소위 '선진국'이라는 이름을 얻게 되었지만, 한국의 실상을 들여다보면 어디로 보나 전혀 그 이름이 걸맞지 않다는 것을 알 수 있다. 우리나라가 진정한 선진국으로 발돋움하기 위해 무엇보다 세금을 비롯한 국민부담률을 높여야 하는 이유는 다 열거할 수 없을 정도로 한두 가지가 아니다. 먼저 인류 전체가 당면한 기후 위기 문제가 있다. 2050년까지 탄소중립을 이루기 위해서는 재생에너지 확대와 온실가스 다배출 산업공정의 전환이 필수적인데 한 연구소의 분석에 따르면 이를 실현하기 위한 비용이 매년 40~50조가량 소요된다고 한다. 또한 온실가스 배출을 줄이려면 재활용 쓰레기 처리와 관련된 자원순환시스템 정비 역시 꼭 필요한데 이를 위한 비용도 마련되어야 한다. 많은 국민들이 공감하듯이 청년실업 문제도 시급히 해결해야 할 커다란 과제이다. 청년들의 일자리를 늘리기 위해서는 기존 일자리의 근로 시간을 대폭 줄이고 근로 조건을 향상시켜 고용 인원을 늘려야 하는데, 이를 공공기관에서부터 실행하려면 모두 국가 예산이 필요하다. 이에 더해 우리나라는 노인빈곤율이 OECD 국가 중 최상위를 기록하고 있다. 하루 종일 폐지를 주우며 근근이 생계를 이어 가는 빈곤 노인의 수가 수만 명에 달한다. 노인빈곤 문제를 해소하려면 턱없이 부족한 기초연금의 액수를 상향시켜야 하는데 이 역시도 정부의 재원 없이는 결코 해결될 수 없는 문제이다.

또한 돌봄노동으로 눈길을 돌려보면 상황은 마찬가지로 매우 심각하다. 보육교사, 요양보호사, 사회복지사, 간호사 등 우리나라 돌봄 노동자들 한 명이 떠맡고 있는 돌봄 대상자 수는 다른 선진국들에 비해 2~3배가량이나 된다. 따라서 우리나라 돌봄 노동자들은 매우 강도 높은 근무에 시달리며 초과근무를 하기 일쑤이고, 그에 따라 돌봄 서비스의 질은 악화되어 그 부정적인 결과는 고스란히 대다수 국민들에게 돌아오게 된다. 요양보호기관에서 인간다운 보살핌을 제대로 받지 못하고 짐짝처럼 취급되고 있는 많은 노인들의 이야기를 떠올려 보면 이러한 문제를 이해하기 어렵지 않을 것이다. 이러한 문제 외에도 한국의 출산율 저하는 굉장히 심각한 문제인데, 청년들의 취업이 쉽지 않고 치솟는 집값 탓에 내 집 마련도 어려운 상황에서 청년들이 결혼과 출산을 택하지 않는 것은 어찌 보면 지극히 당연한 일이다. 따라서 출산과 육아를 위한 충분한 비용을 정부가 지원해 주지 않는다면 출산율 저하 문제는 쉽게 극복되기 어려울 것이다.

우리나라의 식량자급률은 50%에도 미치지 못하는 수준으로 OECD 국가들 중 최하위를 기록하고 있다. 평균 곡물자급률은 20%가량에 불과하다. 식량자급률을 높이기 위해서는 농민 직불금을 향상시켜 농업 종사자 비율을 확대하기 위한 농업 예산 확충이 절실하다. 이 외에도 한국의 대학 서열화 문제에 따르는 사교육비 증가 문제가 있고, 또한 다른 나라들과 비교해 볼 때 우리나라는 초중등 교육기관에 비해 1인당 고등 교육기관 지원금이 매우 낮은 까닭에 대학의 질이 저하되는 문제도 있다. 우리나라는 다른 선진국들에 비해 사립대 비율이 지나치게 높은데, 사립대가 등록금을 살인적인 수준으로 인상하면서 온갖 비리를 저지르고 있음에도 불구하고, 정부가 이들을 국공립화시키지 않고 계속해서 정부 지원금만을 제공한다면 그 피해는 다수의 학생과 학부모에게 돌아갈 수밖에 없을 것이다. 따라서 사립대를 국공립화하기 위한 재원이 마련되어야 사립대 비리 문제는 물론 등록금 인상 문제, 대학 서열화 문제 등이 동시에 해소될 수 있을 것이다. 또 다른 문제로 OECD 국가들 중 우리나라의 최고 산재사망률을 들 수 있다. 작업 현장에서 안전사고로 다치거나 사망하는 사건들이 거의 매일 벌어져도 충분한 안전장치가 마련되어 있지 않은 작업장에 노동자들이 계속해서 투입되고 있다. 이러한 문제를 개선하려면 작업 현장에 대한 정부의 감독이 충분한 인력을 바탕으로 더욱 세심하고 철저히 이루어져야 하며, 안전 비용을 부담하기 어려운 영세 기업에 대해서는 그 비용을 지원해 주는 방안이 동시에 마련되어야 할 것이다.

또한 우리나라는 공공주택, 공공병원, 공공돌봄시설의 비율도 다른 선진국에 비해 볼 때 매우 형편없는 수준이다. 국민들의 기본적인 생활을 유지시키는 데 필요한 이러한 필수 시설들이 모두 민간의 영역에 맡겨져 이를 이용하는 데 드는 비용이 증가하면 소득이 낮은 계층은 생활을 유지하는 것 자체가 큰 어려움에 처하게 된다. 따라서 일정 비율 이상의 공공시설이 확보되어야 국민들 전체가 행복한 삶을 누릴 수 있게 될 것인데, 이를 위해서도 정부의 재원이 마련되어야 하는 것은 두말할 나위가 없다. 또한 우리나라는 가출 청소년이나 가정폭력, 성폭력 피해자들을 위한 쉼터 역시 턱없이 부족하다. 가정폭력으로 인해 집을 나온 가출 청소년들은 정부에서 제공하는 쉼터를 찾지 못하고 알지도 못하는 이들에게 도움을 요청하다 성매매업소로 연결되는 일들이 벌어진다. 다른 가정폭력이나 성폭력 피해자들 역시 가해자들로부터 안전하게 분리될 수 있는 쉼터를 찾지 못하여 피해에 연이어 노출되는 일이 발생한다.

장애인 문제 해결을 위한 재정적 뒷받침도 시급하다. 한국은 군사독재 아래 성급히 추진된 근대화의 과정 속에서 장애인과 같은 소수자들의 인권을 유린해 왔다. 현재 장애인들이 이용할 수 있는 대중교통은 수적인 면에 있어서도 턱없이 부족할 뿐 아니라 전국적으로 일관된 체계를 전혀 갖추고 있지 못하다. 또한 많은 장애인들이 지역사회에서 돌봄 노동자들의 개별적인 서비스를 받으며 함께 생활하지 못하고 여전히 시설에 갇혀 집단적으로 생활하고 있다. 장애인들의 이동권을 증진하고 시설로부터 지역사회로 장애인들을 돌려보내기 위해서는 적지 않은 비용이 소요될 것이다. 게다가 이주노동자 문제도 매우 심각한데, 한국에 온 많은 이주노동자들이 난방도 잘되지 않는 비닐하우스나 컨테이너 같은 주거시설이라고 보기 어려운 공간에 거주하면서 힘든 생활을 보내고 있다. 농촌 등지에서 이들을 고용한 많은 한국인 고용주들의 경제적 형편이 넉넉지 않은 까닭에 이러한 문제 역시 정부가 뒷짐만 지고 있다면 날이 거듭되어도 해결될 기미는 보이지 않을 것이다.

국민부담률을 높여야 하는 마지막 이유로 국토균형발전을 들 수 있겠다. 서울과 수도권을 위주로 하는 정부의 정책 탓에 지방 소멸이 가속화되고 있다. 대학과 기업이 모두 수도권에 편중되어 지방의 청년들이 너 나 할 것 없이 지방을 떠나면서 지방은 활력을 잃고 공동화된다. 수도권에 편중된 대학과 기업을 지방으로 이전하고 지방의 주거시설과 문화시설 등을 확충하기 위한 재원이 마련되어야 할 것이다. 현재는 양극화가 지나치게 심화되어 빈부의 격차가 매우 상당한 까닭에 소득에 상관없이 세금 부담을 늘릴 수는 없는 노릇이고, 중산층에게는 약간의 증세를 하고 고소득층 및 부유층에게는 상대적으로 더 높은 세율을 부담시키지 않으면 조세개혁은 영락없이 실패하게 될 것이다. 다만 월 소득 100만 원가량 이상의 저소득층이 소득세를 하나도 납부하지 않고 있는 상황을 개선하여 월 1만 원가량의 적은 세금을 납부하게 하는 것은 바람직할 것 같다.

세수 확대를 위한 방안으로 아래에서는 크게 세 가지로 나누어 그것을 설명해 보고자 한다. 첫째는 내가 '소득상한제'라 부르는 방안으로 종합소득세, 양도소득세, 상속세, 증여세, 재산세, 금융투자소득세의 과세표준이 높은 구간을 더욱 세분화하여 누진세를 적용하고 최고 구간에는 100%의 세율을 책정하는 방안이다. 둘째는 법인세 상향이고, 셋째는 탄소세, 핵연료세, 재활용촉진세 등 기후위기에 대비하는 새로운 세제를 신설하는 것이다.

먼저 소득상한제 방안 중 종합소득세에 대해 살펴보자. 현재 우리나라의 소득세법상 개인에 과세하는 소득의 종류는 모두 9가지로 열거되어 있다. 이 중 일시적 소득에 해당하는 퇴직소득과 양도소득을 제외하면, 종합소득으로 합산하여 과세 가능한 항목은 이자소득, 배당소득, 부동산임대소득, 사업소득, 근로소득, 연금소득, 기타소득 이렇게 7가지다. 우선 2024년 2월 현행 종합부동산세의 과세표준 및 세율이 명시된 표(〈표1〉)와 내가 제안하는 두 가지 수정안을 담은 표(〈표2〉, 〈표3〉)를 살펴보자.

과세표준	세율
1,400만 원 이하	6%
1,400 ~ 5,000만 원	15%
5,000 ~ 8,800만 원	24%
8,800 ~ 1억 5천만 원	35%
1억 5천만 ~ 3억 원	38%
3억 ~ 5억 원	40%
5억 ~ 10억 원	42%
10억 원 초과	45%

<표1> 현행

과세표준	세율
1,400만 원 이하	6%
1,400 ~ 5,000만 원	15%
5,000 ~ 8,800만 원	24%
8,800 ~ 1억 5천만 원	35%
1억 5천 ~ 2억 2천만 원	38%
2억 2천만 원 초과	100%

<표2> 수정안 1

과세표준	세율
1,400만 원 이하	6%
1,400 ~ 5,000만 원	15%
5,000 ~ 8,800만 원	24%
8,800 ~ 1억 5천만 원	35%
1억 5천만 ~ 3억 원	38%
3억 ~ 4억 5천만 원	40%
4억 5천만 ~ 6억 원	42%
6억 ~ 8억 원	45%
8억 ~ 10억 원	50%
10억 원 초과	100%

<표3> 수정안 2

〈표1〉은 현행 종합소득세의 과세표준과 세율을 나타낸 표이다. 최고 구간의 과세표준은 10억 원 초과이고 그에 따른 세율은 45%로 되어 있다. 〈표2〉는 최고 구간의 과세표준을 2021년 기준 최저임금의 10배로 다시 설정하고

해당 구간의 세율을 100%로 규정한 것이다. 2021년 최저임금 월급은 1,822,480원이고 이를 연소득으로 계산하면 21,869,760원인데 이를 반올림하여 최고 구간 과세표준을 2억 2천만 원으로 정한 것이다. 이러한 수정안대로 종합소득세를 과세할 경우, 2억 2천만 원 이하 구간까지는 현행 세율 38%를 적용하고 2억 2천만 원을 초과하는 초과분에 대해서만 100% 과세를 하게 된다. 사실상 연소득이 2억 2천만 원을 초과하는 우리나라 인구는 전체 인구의 2%가량밖에 되지 않는다. 따라서 이러한 수정안이 현실화될 수 있기 위해서는 나머지 98%의 절대적인 지지를 바탕으로 한다면 아주 불가능한 일도 아니다.

만일 〈표2〉의 수정안이 많은 고소득자의 반발에 부딪혀 실현이 어려워질 경우 〈표3〉과 같은 다른 수정안을 제시해 볼 수 있다. 〈표3〉은 현행 종합소득세의 최고 구간 과세표준을 10억 원 초과로 그대로 두고 이 구간에 100% 세율을 적용한 것이다. 다만 과세표준 4억 5천만 원 이하 구간까지는 현행 세율을 유지하되 4억 5천만 원 초과 구간부터는 현행보다 세율을 높여 10억 원 이하까지 누진세율을 적용했다. 여기서 내가 추가한 과세표준과 세율 기준은 하나의 예를 들어 제시한 것일 뿐 얼마든지 달라질 수 있다. 과세표준과 세율이 달라진다 하더라도 한 가지 유지되어야 할 사항은, 현재와 같이 중산층 인구가 점점 줄어들고 개인의 소득차가 수십 배 이상으로 벌어질 정도로 이렇게 양극화가 심화된 상황에서는 고소득자 구간을 더 세분화하여 누진세를 강화하는 방향으로 세제가 개편되어야 할 필요성이 있다는 사실이다.

소득세법상 종합소득세에 포함되는 소득이 아닌 일시소득으로 퇴직소득과 양도소득이 있는데, 퇴직소득세의 경우 현행 세제상으로는 기업 임원의 퇴직소득 한도액이 규정되어 있어 한도액 초과 시 그 초과하는 금액은 근로소득으로 과세된다. 따라서 법률상 규정되어 있는 퇴직소득 한도액이 우리가 제시한 소득상한제의 취지에 어긋나지는 않는지 검토해 볼 필요가 있다. 임금 소득이 포함된 종합소득세에 소득상한제를 도입할 경우 제한된 임금 소득을 퇴직소득으로 만회하기 위해 소득상한제의 취지에 반하는 터무니없는 퇴직금을 수령하는 일이 있어서는 안 될 것이기 때문이다.

양도소득세의 경우, 위에서 이야기한 종합소득세의 두 번째 수정안의 경우와 마찬가지로 과세표준 구간을 더 세분화하고 누진세를 적용하여 최고 구간에 100% 세율을 적용해 볼 수 있다. 아래 표는 현행 양도소득세제(〈표4〉)와 내가 제시하는 수정안(〈표5〉)의 예시이다.

과세표준	세율
1,400만 원 이하	6%
1,400 ~ 5,000만 원	15%
5,000 ~ 8,800만 원	24%
8,800 ~ 1억 5천만 원	35%
1억 5천만 ~ 3억 원	38%
3억 ~ 5억 원	40%
5억 ~ 10억 원	42%
10억 원 초과	45%

<표4> 현행

과세표준	세율
8,800만 원 이하	6%
8,800 ~ 1억 5천만 원	15%
1억 5천만 ~ 3억 원	30%
3억 ~ 5억 원	40%
5억 ~ 10억 원	42%
10억 ~ 20억 원	45%
20억 ~ 40억 원	50%
40억 ~ 60억 원	55%
60억 ~ 80억 원	60%
80억 ~ 100억 원	65%
100억 원 초과	100%

<표5> 수정안

 양도소득세 과세 대상은 토지, 건물, 부동산에 관한 권리(지상권, 전세권 등), 주식 및 출자지분, 파생상품이 해당한다. 이 중 금융상품의 양도소득은 2023년부터 새로이 실시되는 금융투자소득세의 적용을 받는다. 〈표4〉의 현행 양도소득세의 세율에 따르면 10억 원의 양도소득이나 100억 원의 양도소득이나 간에 모두 45%의 세율을 적용받게

된다. 내가 제시하는 〈표5〉 수정안의 예시에 따르면 과세표준 1,400만~3억 원 구간은 현행보다 세율을 오히려 더 낮추었고, 3억~20억 원 구간은 현행 세율을 그대로 유지시켰으며, 20억 원 초과 구간부터는 과세표준을 더 세분화하여 세율을 상향하였다. 과세표준이 낮은 구간의 세율을 하향한 까닭은 많은 국민들이 상대적으로 적은 금액의 양도소득에 대한 과중한 세부담으로 양도 과정에서 편법을 일삼는 경우가 많이 벌어지기 때문이다.

나의 자본의 크기가 나의 태생에서부터 이미 나의 가족이나 친족이 소유한 자본의 크기에 의해 결정됨에도 불구하고 이러한 상황을 개선할 수 있는 근본적인 사회적 장치가 부재한 사회는 그 사회 안의 구성원들의 생명과 건강이 위협받고 구성원들 간의 대립과 반목이 상존한다는 점에서 우리 모두가 함께 변형시키고 극복해야만 하는 과제물로 이해되어야 한다. 따라서 사회 구성원 전체가 모두 함께 건강하고 자유로운 경제적 삶을 영위할 수 있는 정당성 있는 새로운 자본주의 체제를 진정 우리가 소망한다면 상속과 증여를 통한 부의 증가의 경우에도 소득상한제를 일괄적으로 적용함으로써 혈연에 대한 지나친 애착이 사회 전체의 정의와 화합을 해치게 되는 일을 결코 용납하지 말아야 할 것이다. 아래는 현행 상속세와 증여세의 과세표준과 세율을 나타낸 표(〈표6〉)와 내가 새로이 제시하는 수정안의 예시(〈표7〉)이다.

과세표준	세율(누진공제액)
1억 원 이하	10%(0원)
1억 ~ 5억 원	20%(1천만 원)
5억 ~ 10억 원	30%(6천만 원)
10억 ~ 30억 원	40% (1억 6천만 원)
130억 원 초과	50% (4억 6천만 원)

<표6> 현행

과세표준	세율
5억 원 이하	10%
5억 ~ 10억 원	30%
10억 ~ 20억 원	40%
20억 ~ 40억 원	50%
40억 ~ 70억 원	60%
70억 원 초과	100%

<표7> 수정안

〈표6〉의 현행 상속세, 증여세의 세율과 〈표7〉 수정안의 경우를 비교해 보면, 수정안에서 1억~5억 원 구간의 세율은 현행보다 10%p 하향되었고, 20억 원 초과 시부터 세율이 10~50%p 상향되었으며, 그 사이의 중간 구간은 현행 세율을 유지하였다. 이 또한 앞의 예들과 마찬가지로 상대적으로 낮은 과세표준 구간의 세부담은 줄이고 높은 과세표준 구간의 세율은 높임으로써 양극화를 완화하기 위해 제시된 방안이다. 또한 상속 및 증여액이 70억 원을 초과하는 부분에 대해서는 100% 세율을 적용함으로써 부

가 대물림되는 폐해를 줄이고자 하였다.

누군가는 이렇게 말할 것이다. 내가 피땀 흘려 얻은 재산을 나의 자손을 위해 물려주는 것이 무엇이 나쁘다는 말인가? 나는 부모로서 나의 자녀를 부양할 의무가 있고 나의 재산을 나의 자녀에게 귀속시킬 수 있는 권리도 있다. 자유로운 민주주의 사회 안에서 이러한 것이 무슨 문제가 된다는 말인가? 그러나 이는 민주주의, 나아가 자본주의 전체를 근본적으로 위태롭게 하는 심각한 문제다. 모든 시민이 주인이 되는 진정한 민주주의 사회에서 그 누군가의 자녀는 우리 모두의 자녀이다. 내가 나의 자녀에게 1억을 또는 10억을 물려주며 생을 마감할 때 그 누군가의 자녀는 천만 원, 백만 원도 상속받지 못한 채, 더 나쁘게는 부모의 부채만을 상속받은 채 나의 자녀와 같은 세상에 태어난다.

병든 자본주의가 기대고 있는 '묻지 마' 식의 가족주의는 계층 간의 모순을 은폐하고 부의 분배 문제를 교묘히 비켜 간다. 그것은 이러저러한 가족들 간에 불공평하게 분배되어 있는 자본의 크기에 대해서는 물음을 제기하지 않으며 결국에는 누군가의 가족들을 병들게 함으로써 스스로를 병들게 한다. 가족이라고 해서 누구에게나 똑같은 가족이 있는 것은 아니다. 그 누군가의 가족에는 경제적 활동이 어려운 구성원이 있을 수도 있으며 그 누군가는 혈연으로 맺어진 부모가 없는 가족을 가지고 있을 수도 있다. 사회 전체에 대한 관심과 이해를 결여한 나의 가족에 대한 우선적인 사랑과 희생은 누군가의 가족을 병들게 하고 나아가 사회 전체를 병들게 한다. 가족이란 것이 건강한 사회를 구성하는 필수적인 단위가 될 수 있으려면 혈연을 넘어선 자본의 분배의 필요성에 우리 모두가 공감하고 이를 구체적으로 법제화하여 실천해 나갈 수 있을 때에야 비로소 가족은 사회 안에서 긴요하고 중대한 의미를 획득할 수 있을 것이다.

엄밀히 말해 머리부터 발끝까지 백 퍼센트 건강한 자본주의 사회에서라면 상속이나 증여는 아무런 존재 이유도 가치도 없다. 그러한 사회에서라면 모든 경제활동은 오로지 개인 간의 자유로운 교환활동과 공동체의 민주적 권력을 바탕으로 한 공적 기관의 공정한 분배활동을 통해 이루어질 것이며, 공동체의 합의 및 승인과는 무관하게 단지 개인의 욕망과 취향에 따라 그 측근에게 자본이 귀속되는 일은 발생하지 않을 것이기 때문이다. 만일 이렇게 상속과 증여가 모두 사라진 사회가 실현되기 불가능한 것이라 한다면, 우리는 상속과 증여를 통해 획득한 자산 역시도 우리가 정한 '소득'의 범위에서 이탈되지 않는 방안을 강구함으로써 상속이나 증여의 행위로 인해 소득상한제가 그 근본부터 위협받는 일이 없도록 해야 할 것이다. 따라서 종합소득, 퇴직소득, 양도소득, 상속과 증여를 통한 소득 중 그 어느 하나도 소득상한제의 예외가 되어서는 안 된다.

다음으로 재산세를 살펴보자. 재산세는 토지, 건축물, 주택, 항공기, 선박에 부과되고 있는데, 주택의 경우를 살펴보면 최고 구간인 3억 원 초과 구간에 '57만 원 + 3억 원 초과금액의 0.4%'의 세율을 부과하고 있다. 따라서 소유한 주택가액이 300억 원이든 3,000억 원이든 이렇게 터무니없이 적은 세율이 적용되고 있다는 것은 커다란 문제이다. 나는 주택의 경우 재산세는 3주택 이상의 소유를 현실적으로 불가능하게 하는 세제가 필요하다고 본다. 따라서 2주택까지는 현행 재산세율을 적용하되 고가 주택의 경우에는 종합부동산세를 적용하고, 3주택 이상부터는 굉장히 높은 재산세율을 적용시켜 주택을 거주의 공간이 아닌 단순한 소유의 대상으로 인식하는 국민들의 의식부터 개선시켜야 할 필요가 있다. 예를 들면, 3주택 이상부터 20% 이상의 세율을 누진적으로 적용하여 보유 주택 수가 10채를 초과할 경우 재산세를 100% 과세하는 식으로 말이다.

다만 이러할 경우 기존 다주택자들의 커다란 반발이 예상되므로 시행 전 2~3년간의 유예기간을 두고 주택을 미리 처분할 수 있도록 하여 조세저항을 줄이는 방안을 생각해 볼 수 있을 것이다.

토지의 경우 우리나라는 불평등 문제가 주택보다 더욱 더 심각한데, 개인의 경우 상위 10%의 인구가 우리나라 전체 토지의 약 70%를 소유하고 있고, 법인의 경우 상위 10%가 전체 토지의 90%를 소유하고 있다. 토지에 대한 현행 재산세의 과세표준을 살펴보면 최고 구간의 과세표준이 1억 원 초과로 되어 있다. 주택의 경우와 마찬가지로 토지의 경우에도 소유한 토지가액이 100억이든 1,000억이든 상관없이 '25만 원 + 1억 초과금액의 5%'의 세율이 적용되고 있는 것이다. 토지 소유의 불평등 문제를 근본적으로 해결하려면 개인이든 법인이든 소유할 수 있는 토지의 크기에 법적인 한계를 두어야 한다. 한정되어 있는 크기의 국토를 소유하는 것에 아무런 제한도 두지 않는다면 국토 전체가 일부 부유층의 소유물이 되어 버리는 지경에 이르게 될 것이다. 따라서 토지의 경우에도 현행 최고 구간을 더욱 세분화하여 누진세를 적용하고 일정액수를 초과하는 구간에 대해서는 100%의 세율을 적용해야 할 것이다. 또한 재산세의 경우, 현재 과세 대상으로 되어 있는 토지, 건축물, 주택, 항공기, 선박 이외에도 드론이나 로봇 등 새로운 유형의 재산에도 빠짐없이 세금이 부과될 수 있도록 시대의 변화에 발맞추어 세제를 적절히 보완하는 일 역시도 간과되어서는 안 되겠다.

소득상한제의 마지막 대상으로 금융투자소득세를 살펴보자. 2023년 1월부터 금융투자소득세가 신설되어 시행될 예정이었는데, 시행을 2년 유예하는 소득세법 개정안이 2022년 12월 국회를 통과하여 2025년부터 시행되는 것으로 변경되었다. 금융소득 중 이자소득과 배당소득은 종합소득세에 포함되어 과세되고, 투자소득(매매차익)은 금융투자소득세로 별도 과세되는 체계이다. 신설된 지 얼마 지나지도 않아 윤석열 정부는 금융투자를 활성화한다는 명목으로 금융투자소득세를 폐지하려는 움직임을 보였다. 현행 금융투자소득세는 투자소득이 5천만 원을 초과하는 경우부터 과세되고 있는데, 사실상 순전히 금융투자만으로 한 해 5천만 원이 넘는 소득을 벌어들이는 인구는 지극히 소수에 불과하다. 그 특정한 소수의 이익을 위해 부의 재분배 효과가 큰 이러한 세제를 폐지하려 하는 것은 올바른 처사가 아니다. 현행 금융투자소득세의 과세표준은 두 구간으로 나뉘어 있고 그에 따른 세율은 아래 〈표8〉과 같다.

과세표준	세율
5천 만 ~ 3억 원	22%
3억 원 초과	27.5%

<표8> 현행

과세표준	세율
5천만 ~ 3억 원	22%
3억 ~ 5억 원	25%
5억 ~ 10억 원	30%
10억 ~ 20억 원	35%
20억 ~ 30억 원	40%
30억 ~ 50억 원	45%
50억 ~ 70억 원	50%
70억 원 초과	100%

<표9> 수정안

오른쪽의 〈표9〉는 내가 제시하는 수정안의 예시이다. 금융투자를 통해 한순간에 일확천금을 꿈꾸는 국민들의 수가 우려스러울 정도로 많아졌다. 금융투자소득 역시 불로소득의 하나일 뿐인 까닭에 그러한 국민들이 점점 많아진다 함은 사회적으로 필요한 노동의 의미와 가치를 폄훼하는 인구가 많아진다는 사실과도 맥락을 같이한다. 또한 많은 국민들이 저축성 예금의 형태보다 주식이나 펀드, 기타 파생상품과 같은 수익률이 높은 금융상품에 투자하려는 성향이 지나치게 커진다면 금융 시스템 전체는 그만큼

높은 리스크를 감당해야 하는 방향으로 전환될 것이며 금융위기의 가능성 또한 그만큼 확대될 것이다. 따라서 그러한 위기의 가능성을 감소시키기 위해서라도 금융투자소득세에 소득상한제를 적용하는 것은 바람직한 일이 될 수 있을 것이다. 또한 많은 경우에 금융투자로 높은 고소득을 취하는 이들은 금융기관 내부 정보에 접근성이 큰 계층이다. 주가조작을 일삼으며 주식매매로 커다란 수익을 부당하게 취하는 이들의 소득을 제한하기 위해서라도 금융투자소득세의 소득상한제 실시는 꼭 필요한 일이라 하겠다.
또 한 가지 지적하고 싶은 것은, 가상공간이 발달함으로써 새로이 등장하는 유형의 금융자산들, 이를테면 가상화폐나 NFT 등에 대한 과세가 빠짐없이 이루어져야 한다는 점이다. 현재 존재하지 않는 또 다른 유형의 금융자산들이 미래에 얼마든지 등장할 수 있을 것이기 때문에 이를 포괄적으로 과세하지 않으면 금융투자소득세의 소득상한제 적용이 성공적으로 실현될 수 없을 것이다.

소득상한제가 실시되지도 않고 있는 현재에도 이렇게나 많은 사람들이 세금을 탈루하기 위해 차명을 이용하고 해외 조세피난처에 재산을 은닉하고 있는 상황을 볼 때, 소득상한제 실시 이후에는 그러한 경우들이 더욱 많아질 것이 예상된다. 따라서 세금 탈루를 감독하고 세금을 추징하는 전담 부서의 인력 확충이 필요할 것으로 보이고, 또한 담당 공무원들의 비위를 엄격히 처벌하는 처벌 조항을 마련하는 것 또한 동시에 이루어져야 할 것으로 보인다. 또한 세금 부담을 회피하기 위해 해외로 이주하는 부유층 인구를 줄이기 위해 현재의 국외전출세를 대폭 강화할 필요가 있다. 현행 국외전출세는 과세 대상이 주식으로만 한정되어 있고 세율은 20%(3억 초과인 경우 25%)에 불과하다. 과세 대상을 모든 종류의 자산으로 늘리고 고액일 경우 세율을 대폭 상향하여 소득상한제 실시 이후 국부 유출을 방지할 필요가 있다.

이상으로 소득상한제를 적용할 수 있는 개인을 부과 대상으로 하는 세제의 종류에 대한 고찰을 마쳤다. 다음으로 법인세의 경우를 살펴보자. 다음은 현행 법인세의 과세표준 및 세율을 나타낸 표(〈표10〉)와 내가 제시하는 수정안의 예시(〈표11〉)이다. 현행 법인세제에는 구간별 누진공제액이 존재하는데 여기서는 그것을 생략한 표를 제시했다.

과세표준	세율
2억 원 이하	9%
2억 ~ 200억 원	19%
200억 ~ 3,000억 원	21%
3,000억 원 초과	24%

<표10> 현행

과세표준	세율
2억 원 이하	9%
2억 ~ 200억 원	19%
200억 ~ 1,000억 원	21%
1,000억 ~ 2,000억 원	24%
2,000억 ~ 3,000억 원	28%
3,000억 ~ 4,000억 원	33%
4,000억 ~ 5,000억 원	39%
5,000억 원 초과	46%

<표11> 수정안

우리나라 법인세의 두 가지 큰 단점은 첫째로 너무 많은 감면 조항으로 인해 실효세율이 굉장히 낮다는 것이고, 둘째로 이러한 감면 조항이 대기업에 상대적으로 유리한 까닭에 중소기업보다 대기업의 실효세율이 더 낮아지는 현상이 발생한다는 것이다. 현행 법인세의 최고세율은 24%로 책정되어 있지만 실상 기업들이 실제 내는 세금은 각종 세액공제 혜택을 받아 17~18% 정도에 불과하다. 과세표준 최고 구간인 3,000억 원 초과에 해당하는 기업은 100여 개의 대기업이다. 〈표11〉의 수정안의 경우 과세표준 1,000억 원 이하 구간에 대해서는 현행 세율을 유지했고, 1,000억 원 초과 구간부터 세율을 상향하여 최고 구간에

46%의 세율을 매겼다. 만일 영세기업의 성장을 더 촉진시키고자 한다면 낮은 과세표준의 구간(가령 20억 원 이하)에 대해서는 세율을 오히려 현행보다 더 경감시키는 것도 한 방안이 될 것이다. 어찌됐든 대기업의 세액감면 조항을 폐지하거나 명목세율을 인상시켜 법인세의 실효세율을 올리는 것이 꼭 필요하다.

법인세 인상은 국제적 공조가 굉장히 절실하다. 한 국가의 법인세가 지나치게 인상된다면 기업들이 법인세가 낮은 국가를 찾아 이동할 수 있기 때문이다. 이렇게 현재와 같이 법인세가 지나치게 낮아진 것은 신자유주의의 확산과 궤를 같이 한다. 한국의 경우에만 봐도 1950년대 법인세 최고세율 70%대에 이르렀는데, 이것이 60년대 45%, 70년대 40%대로 점점 낮아져 현재와 같은 20%대에 이르렀다. 이와 같은 현상은 다른 나라의 경우에도 비슷하다. 기업의 존재를 맹목적으로 찬양하는 신자유주의의 유행과 더불어 기업의 성장 자체가 경제 발전의 의미와 동일시되면서 기업에 대한 국가의 과세권은 그 중요성이 점점 축소되었다. 하지만 정부의 재정으로 환수되지 않는 기업의 수익은 정부의 재정을 위태롭게 하고 이는 가계의 부담으로 이어지기 마련이다. 가계의 소비를 통해 수익을 얻은 기업이 100의 수익을 올려 그중의 20만을 세금으로 부담하고 80을 자신들이 취한다면 20의 세금 혜택만을 입게 될 가계는 기업에 대해 소비할 여력을 점점 잃어 가게 될 것이다.

우리나라 국민 총자산 추정액은 4인 가구 평균 자산을 3~4억 원으로 하여 계산했을 때 4~5천조가량 되는데, 2020년 삼성그룹 총자산 추정액은 803조 정도에 이른다. 2020년 삼성그룹 총직원 수가 16만 7,417명(우리나라 총인구의 0.33%)임을 감안하면, 삼성그룹 총직원 수는 한국 전체 인구의 0.5%에도 못 미치는데 삼성그룹 총자산은 국민 총자산의 15~20% 규모에 해당한다는 것을 알 수 있다. 이러한 예만 살펴보아도 한 국가 전체를 구성하고 있는 부가 기업이라는 경제주체에 얼마나 편중되어 있는지 알 수 있을 것이다. 따라서 국경을 오가는 글로벌 기업들에게 이 나라든 저 나라든 낮은 법인세만을 부과하여 기업을 유치하려고 하다가는 종국에 모든 국가들이 심각한 부채 상태에 직면하게 될 것이다. 따라서 현재 OECD 회원국들이 합의한 글로벌 법인세 15% 세율을 큰 폭으로 상향시키지 않으면 다수의 국가들이 현재와 같은 심각한 부채 상태를 면할 수 있는 길은 많지 않아 보인다.

소득상한제를 법인이 아닌 개인들에게만 적용할 경우 우

리가 꿈꾸는 사회로 과연 얼마만큼 나아갈 수 있을지를 생각해 보면 그 경제적 효과는 그리 크지 않을 수도 있다. 고소득을 보장받지 못하게 되는 개인들 중에는 필시 그것을 법인의 수익 형태로 전환시켜 자신들의 부를 축적시키려 노력하는 이들이 생겨날 것이다. 그렇다고 하여 우리가 비단 기업 CEO의 소득이 아닌 기업 전체의 소득까지를 제한시키려 든다면 우리는 아마도 많은 비판에 직면하게 될 것이다. 사람들은 다음과 같이 말할 것이다. 기업의 본질은 이윤 추구에 있다. 기업의 그러한 본질을 박탈시킬 수 있는 소득상한제를 법인세로까지 확장시켜 적용하려는 시도는 기업의 존재 자체를 위험에 빠뜨릴 것이고 자본주의 사회 전체를 부정하는 일이 될 것이다.

그러나 이러한 주장 안에는 기업과 사회 전체에 대한 얼마만큼의 오해와 어리석음이 있는 것일까? 기업의 본질이 이윤 추구에만 있다면, 그리고 그러한 것을 기업의 본질로만 이해하려 한다면 기업이 우리 사회에 미치는 영향은 실로 재앙과도 같은 것이 될 것이다. 만일 기업들이 노동자들의 적정한 임금 보장, 소비자들의 건강과 만족감, 다른 사회 구성원들과 자연 환경에 끼치게 되는 경제적이고 사회적인 영향들을 모두 무시한 채 오로지 이윤 추구에만 몰

두하게 된다면 그러한 기업들이 사라진다고 해서 사회가 무너질 일은 없다. 만일 기업의 긍정적 측면이 비단 이윤 추구에 그치는 것이 아니라 새로운 가치를 창조해 내는 끊임없는 활동을 통해 인간들의 삶의 수준을 향상시키고 자연 또는 우주 전체와 더불어 인간적 삶의 지평을 확장시키는 데에 있다고 한다면 그 경우에야 비로소 기업은 우리 사회에 필요한 존재라 말할 수 있게 된다.

그러니 우리가 만일 동종 기업들 간의 소득 차이에 제한을 두고 그 상한을 넘는 기업의 소득분을 직원들의 임금 형태로 배분하든 신규 사업에 투자 비용으로 사용하든 아니면 세금의 형태로 국고로 환수하여 그 기업의 활동 이외의 다른 사회적 비용으로 충당하든 이러저러한 방식으로 기업 소득을 제한하려는 노력은 보다 많은 이들의 경제생활을 더욱 풍요롭게 만들 수 있다. 또한 반드시 동종 기업들만의 소득상한제가 아니더라도 상이한 산업 분야들 간의 규모를 적절히 고려하여 마련된 기업 전체의 소득상한제는 실물시장의 실질적인 경제적 가치의 실현과는 유리된 채 허구적 가치만을 스스로 부풀리며 몸집을 키우다 종국에는 경제 전체를 위태롭게 만드는 금융시장의 비정상적인 확대를 제지할 수 있는 방안이기도 하다.

아마도 이러한 기업소득의 상한제는 성장의 속도와 크기를 감소시킬지도 모르겠다. 그러나 그렇다고 해서 그로 인해 우리 사회가 그 생명을 다하는 일은 없을 것이다. 그와는 반대로 몇몇 거대 다국적 기업의 급속한 성장으로 인해 다수의 중소기업이 몰락하는 일은 줄어들게 되지 않을까? 기업소득을 제한함으로 인해 우리가 의도하는 바는 지구상에서 대기업들을 사라지게 하는 것이 아니라, 글로벌 기업이 될 수 있는 조건은 어디까지나 기업의 전 직원과 그 기업의 소비자, 그리고 더 나아가 그 기업이 기업 활동을 벌이고 있는 국가 구성원 전체의 경제적 생활을 골고루 평등하게 만드는 것에 있음을 주지시키는 것일 따름이다.

산업혁명 이래로 지난 몇 세기 동안 인류는 비약적인 인구 증가와 경제적 성장을 경험했으나 21세기까지 이어져 반복되어 온 몇 차례의 경제적 위기와 날로 심각해지는 환경 문제들과 더불어 많은 국가들은 이미 저성장의 단계로 접어들었다. 한편에서는 다가올 4차 산업혁명을 이야기하며 또 한 번의 거대한 경제적 성장이 있을 것이라 주장하지만 앞서의 산업혁명과 다르게 인간의 경제생활이 기계의 작업에 종속되는 차원을 넘어 기계로 인해 인간의 경제생활 자체를 박탈당할 처지에 놓이게 될 상황에서 이루어지는 고도의 성장은 과연 누구의 성장일 것인지 다수는 불안해질 수밖에 없다.

저성장은 그 자체로 악이 아니다. 성장이란 무엇인가? 수렵과 채취에 의존하며 경제생활을 영위하는 원주민 부족의 삶은 해가 거듭되어도 그다지 커다란 생활 방식의 변화를 겪지 않지만 그럼에도 그들은 부족 전체의 구성원들을 굶기지 않으면서 먹고 남은 것들을 얼마간 비축해 두고 이것들을 전쟁이나 축제 기간 동안 소비한다. 그들은 더 큰 성장을 위해 정화 시설 없는 공장을 돌려 매연을 방출시키지도 않고 더 많은 이윤을 위해 닭과 소들을 움직일 수도 없는 비좁은 공간 안에 대량으로 가두어 사육하지도 않는다. 그렇다고 해서 문명화된 우리 사회 역시 저 원주민 부족사회처럼 해마다 동일한 형태의 경제생활을 반복해야 한다고 주장하려는 것은 아니다. 우리네 문명인들의 노동이 이전과는 다른 새로운 가치를 창조해 내고 그 새로운 가치를 창조해 내는 활동이 필연적으로 자연이 지닌 모습의 변형을 불러일으켜 우리들 삶의 방식까지를 변화시킨다면 언어와 기술을 통한 인간의 생활 방식의 변화는 지극히 자연스러운 결과라 할 것이다. 문제는 그러한 삶의 변화가 오히려 인간의 생명뿐 아니라 자연의 생명을 파괴하는 지점에까지 이를 때에 발생한다.

한 나라의 경제 성장은 일반적으로 GDP 수치로 측정된다. 하지만 이러한 GDP에는 대기오염의 주범인 이산화탄소나 이산화질소, 또는 아황산가스의 배출량 같은 것은 고려되지 않는다. 또한 비닐이나 플라스틱과 같은 일회용품의 생산량은 GDP를 증가시킬지 모르나 그로 인한 토양과 해양의 오염이 경제에 미치는 영향은 역시 계산되지 않는다. 기업들의 생산 활동으로 인해 미세먼지와 초미세먼지가 증가하여도 이것은 모두 성장이라는 이름하에 GDP 상승에 기여하게 되고 결과적으로 대기오염으로 인한 호흡기 질환 환자가 늘어나게 되면 이는 다시 의약품 생산의 증가와 의료비 상승으로 이어져 GDP 수치는 더 커지게 될 것이다. 이렇게 현시대의 경제 성장이란 것이 국민들의 건강과 생명에 대한 침해까지 모두 포함하는 개념이라고 한다면 우리는 왜 그것이 0퍼센트, 1퍼센트인 것을 슬퍼하며 4퍼센트, 5퍼센트가 넘기를 희망하여야 하는 것일까?

기업들의 모든 경제활동의 성격이 자연과 인간의 생명에 긍정적으로 기여할 수 있는 때가 아직 오지 않았다고 한다면 생명과 건강에 위협이 되는 종류의 경제 성장은 오히려 축소되거나 멈춰지는 편이 더욱 좋을 것이다. 기업이라는 경제주체가 이윤을 추구하는 과정은 인간을 포함한 자연 전체의 건강과 생명을 증대하는 과정과 나란히 진행될 때에야 비로소 사회 안에서 그 참다운 경제적 의미를 획득할 수 있다. 한편으로는 근로자의 적정한 노동 시간과 여가 시간을 보장하고 합당한 임금 지급을 통해 근로자의 균형적인 삶을 촉진하며, 다른 한편으로는 기업을 넘어선 사회 전체의 건강한 발전에 이바지하고 자연의 생명을 훼손하지 않는 한에서만 기업의 성장은 추구되어야 할 가치가 되는 것이지 이러한 전제들을 모두 부차적인 것으로 간주하면서 오직 기업의 활동과 성장만을 우선적이고 지고한 가치로 취급하는 것은 건강한 자본주의를 모색하는 것이 아닌 그저 병든 자본주의를 지속시키는 행위일 따름이다.

지난 몇 십 년간 다수의 임금노동자들 및 자영업자들의 소득은 하락하거나 제자리걸음을 면치 못하고 가계 부채는 폭증한 가운데서도 은행이나 기업들은 상당수가 높은 이윤을 남겼다. 만일 기업이 거둬 둔 수익으로 임금을 올리지도 고용을 늘리지도 새로운 산업에 투자하지도 않는다면 그러한 기업은 과연 어디에 필요한가? 사정이 이러하여도 법인세 인상은 기업들의 투자 활동을 감소시키고 자본의 해외 유출을 야기할 수 있다는 이유에서 많은 경우

비난 받거나 금기시된다. 신자유주의 시대가 도래하고 기업이란 것이 사회 전체의 우선적 가치로 인식되면서 각국의 법인세 인하 경쟁은 총체적으로 국가가 활용해야 할 재원을 포기하거나 축소하고 기업들에게 더욱 높은 수익을 허락한 결과를 낳았다.

국가 부채가 천문학적 액수에 이르고 국민들 다수가 비정규직자나 채무자로 전락해 가는 동안 국경을 넘나드는 다국적 기업들은 불안정한 고용 형태를 확대시키면서 어느 나라에서든 커다란 제약 없이 값싼 세금만을 지불하거나 더욱 나쁘게는 조세회피처에 수익을 은닉시키며 사회 전체가 공유해야 할 이익을 그들만의 것으로 편취했다. 그 결과 초국적 IT 기업 및 글로벌 투자은행이나 신용평가기관 같은 소수의 거대 기업들은 이제 국가의 통제를 넘어 국가 전체의 경제 상황을 좌지우지할 수도 있는 형편이 되었다.

만일 이러한 기업들이 자신들이 가진 거대 자본의 사회적 분배를 통해 국가의 중앙집권적 권력을 국민들 또는 나아가 세계시민 전체의 권력으로 분산화하고 있는 상황이라면 아마도 국가 권력의 쇠퇴는 그리 우려할 만한 일은 아닐 것이다. 그러나 상황은 정반대이다. 이들이 국가를 넘어서 더욱 초월적으로 행사되는 권력을 통해 글로벌 자본의 독점적 상황을 출현시키고 있다면 이들과 국민을 매개하는 국가기관의 과세 장치는 여전히 포기되어서는 안 될 것이며 그러한 장치를 더욱 확대하고 더욱 효과적으로 정비함으로써 각국 정부 모두가 자본의 공정한 사회적 분배를 함께 도모하여야 마땅하다.

더욱 이상적으로는, 개인에 부과되는 소득세와 마찬가지로 법인세 역시도 하청기업 및 동종기업의 연평균 기업소득과 연동시켜 최고 기업소득에 상한을 두고 최고 과세 구간의 세율을 백 퍼센트로 제도화하는 동시에 현재 2억, 2백억, 3천억으로 분리된 상한선 이하의 과세표준 구간을 더욱 세부적으로 나누어 누진적 세율을 책정하는 것이 바람직할 것이다. 이와 더불어 최고 소득을 상회하는 소득분을 임금 인상, 고용 확대, 투자 활성화에 사용토록 강제하는 입법안을 함께 마련하여 국가에 의한 법인세 징수 이전에 기업들 스스로가 자율적으로 초과소득을 활용할 수 있는 기회를 함께 마련한다면 국가에 의한 기업 활동의 지나친 간섭이나 억제를 완화할 수 있을 것이다. 또한 동시에 최고 구간의 과세표준에 따라 사내유보금의 비율을 어디까지 허용할 것인지를 명확히 규정하는 법적 조항을 신설하여 기업들이 사내유보금을 과세 회피 수단으로 악용하는 일이 없도록 해야 할 것이다.

그간의 편향적인 친대기업적 정책들로 인해 한국의 대기업들은 국내에서 계속된 성장을 거듭해 왔다. 스웨덴 역시도 대기업 위주의 경제구조를 갖고 있는 나라지만 스웨덴의 경우 직원 수가 500인 이상인 대기업 취업자 비율은 전체 취업자의 절반을 넘어서는 반면 한국은 그 비율이 10퍼센트에도 미치지 못한다고 한다. 한국에서 대기업과 그 하청업체가 거두는 영업이익률의 차이는 두세 배에 달하는 등 대기업의 성장은 중소기업의 성장과 나란히 연결되지 못하였으며 납품단가 후려치기 등을 통해 보듯이 대기업의 경제적 손실과 희생은 상당 부분 중소기업에게 전가되었다. 그렇다면 한국의 경제를 성장시켰다고 흔히 인식되는 대기업이라는 존재는 과연 우리 사회 전체를 위한 대기업이었던가 다시금 질문해 보지 않을 수 없다. '우리'를 생각한다는 것, '공동체'를 사유한다는 것은 우리로부터 배척되는 다른 누군가를 전제하지 않는 것이다. 그것은 어디까지나 무한히 열려 있는 전체로서만 그 온전한 의미를 획득할 수 있다.

끝으로, 세수 확보를 위해 새로운 세제를 신설하는 방안을 고려해 볼 수 있다. 첫 번째로 탄소세 신설이다. 대부분의 북유럽 국가들은 탄소세 도입을 이미 1990년대 초반에 실행했다. 이들 나라 외에도 현재 탄소세를 걷고 있는 나라는 50여 개 국가에 이른다. 우리나라의 경우 2021년 용혜인 의원이 대표 발의 한 탄소세 법안에 따르면 온실가스 총배출량 기준 1이산화탄소상당량톤당 8만 원을 부과하는 것으로 되어 있다. 이 법안을 따를 때 우리나라 온실가스 총배출량을 기준으로 단순 계산해 보면 54조의 세수를 확보할 수 있다. 탄소세 부과로 인해 생계를 위협받을 수 있는 저소득층 대상 감면 조항을 둘 경우 세입은 이보다 감소할 수 있을 것이다. 두 번째로 원자력발전용 핵연료세 신설을 들 수 있다. 우리나라는 다른 에너지원에는 세금을 부과하고 있지만 핵연료에는 어떠한 세금도 부과하고 있지 않다. 이는 위험천만한 원자력에너지에 대한 의존도를 더욱 높이는 데에 기여할 뿐이므로 전혀 바람직한 방향이 아니다. 이웃나라 일본은 지자체별로 핵연료가격의 8.5~14.5%를 과세하는 핵연료세를 두고 있다. 우리나라의 경우 2019년 박주민 의원이 핵연료세 신설 법안을 대표 발의 하였는데, 이 법안에 따라 핵연료가격의 10% 핵연료세를 부과할 경우 약 900억의 세입이 예상된다고 한다.

마지막 세 번째로 내가 제안하는 재활용촉진세 신설을 들 수 있다. 우리나라는 더 이상의 생활 쓰레기를 매입할 부지가 없어 앞으로는 쓰레기 매입이 금지되고 모두 소각 처리가 되게 되는데, 재활용되지 않는 쓰레기들이 모두 소각 처리될 경우 그로 인한 유해 물질 배출 문제가 심각해질 것이다. 유럽연합은 2021년부터 유럽연합 회원국들에게 재활용이 불가능한 플라스틱 폐기물에 kg당 0.8유로를 부과하는 플라스틱세를 신설했다. 이와 비슷한 취지로, 플라스틱을 포함하여 물리적 재활용이 불가능한 혼합재질의 최종 단계 제품을 생산하는 기업에 과세하는 재활용촉진세를 신설하여, 기업들의 제품 생산을 재활용률이 높은 형태로 변경하도록 유도하는 방안이 마련되면 좋지 않을까 한다. 이상으로 우리나라의 국민부담률을 높일 수 있는 세수 확대 방안 세 가지를 모두 살펴보았다. 세 가지 방안 모두 충분한 공론화와 국민적 합의 없이는 어느 것 하나 쉽게 이룰 수 없는 것들이다. 한국에서 하루 빨리 이러한 방안들이 현실화되어 국민부담률을 높이고 그렇게 마련된 재원으로 우리나라가 보다 행복한 복지국가로 발돋움할 수 있기를 바라마지 않는다.

4　4차 산업혁명과 소득상한제

　소득상한제는 소득불평등에 대한 가장 직접적이고 효과적인 해결 방안임에도 불구하고 1퍼센트 영웅들의 그칠 줄 모르는 욕망과 99퍼센트 노예들의 빈곤한 상상력으로 말미암아(더 정확히는 1퍼센트에 동화된 99퍼센트의 욕망 또한 포함될 것이다) 자본주의의 역사 이래 단 한 번도 시도된 적이 없었다. 여기저기서 기본소득제가 마치 새로운 자본주의 체제의 대안인 듯 주장되고는 있지만 기본소득제는 사회적 가치를 창조하는 노동의 본질을 흐리는 경향이 있다는 점에서 다시 한번 재고되어야 할 필요가 있다. 우리가 주장하는 소득상한제는 사회 구성원들 간의 자유로운 교환활동을 바탕으로 한 시장의 존재를 결코 부정하지 않는다.
　반면 기본소득제는 소득의 의미란 것이 교환관계를 통한 사회적 가치의 실현 안에 자리한다는 점을 부인하도록 만드는 경향이 있다. 화가가 자신이 속한 사회에서 진정한 화가일 수 있으려면 화가의 그림이 다른 이의 욕구를 만족시킴으로써 그 그림의 판매가 화가의 소득으로 이어질 수 있어야 한다. 자신의 노동 여부와 상관없이 우선적으로 주어지는 기본소득은 마치 아무도 원하지 않는 그림들을 그저 자신만의 만족을 위해 그리고 있는 전혀 사회적이지 못한 화가들에게 제공되는 사회 공통의 재원 같은 것이 되어 버릴 수가 있다. 고소득층의 대대적인 증세 정책과 병행되지 않는 기본소득제의 실시는 국가의 재정을 더욱 위태롭게 만들 것이며 상대적으로 세부담이 증가하게 될 중산층의 커다란 반발 또한 야기할 것이다. 또한 소득상한제를 전제하지 않는 기본소득제의 실현은 저성장과 저소비의 한계에 직면한 작금의 현실에서 기업들에게는 희소식으로 작용할지 모르나 양극화의 해소에 기여하는 바는 그리 크지 않을 것이 뻔하다.

그러나 한편으로 기본소득제는 우리에게 노동이란 무엇인가에 관한 흥미로운 물음을 제기하도록 만드는데 그 점에 관해서는 함께 생각해 볼 만하다. 그 누군가의 욕구와 필요에 따른 행위가 모두 그 나름의 경제적 가치를 지니고 있는 것이라 한다면 그것은 모두 '노동'으로 인정되어야 할 것이며, 그 누구든 자신의 행위로 인한 결과물이 시장을 통해 상품화되지 않는다고 해서 그 행위가 사회로부터 부정되어서는 안 될 것이기 때문에 누구든 차별 없이 기본소득을 제공받을 권리가 있다는 주장이다.

사실상 노동과 놀이를 어떻게 구분할 것인가 하는 문제는 쉽지 않은 문제다. 경제적 행위에 따르는 소득의 문제로부터 자유로운 아이들에게 노동과 놀이의 구분은 아마도 실제적으로 아무 필요도 없을 것이다. 우리 각자가 만일 우리의 자본주의 사회 안에서 그러한 아이들만큼의 심오한 자유를 모두 보장받고 있다면 실상 우리의 노동이 우리에게 심각한 고통이 되어 돌아오는 일은 별로 없을 것이다. 그렇다고 해서 우리의 경제적 활동이 노동과 놀이 간의 완전한 구분을 전제하고 있는가 하면 그것 또한 사실은 아니다. 나의 음악 듣기 놀이는 음악가의 노동이 없다면 이루어질 수 없을 것이며 아무런 소득도 얻지 못하는 가정주부의 가사노동 없이는 가족들의 휴식과 놀이 또한 가능할 수 없을 것이다. 또한 나의 노동만을 두고 보더라도 나의 흥미와 자발성에 따라 언제든 그것은 나의 놀이로 변할 수도 있다.

문제는 노동을 통한 활동이 적정한 소득 보장으로 이어

져 노동으로 인해 그 누구의 건강과 생명도 위협당하는 일이 없도록 하는 점에 있을 것이다. 우리가 주장하고자 하는 소득상한제는 어디까지나 모든 경제적 가치가 오직 노동으로부터 출발하며 노동의 과정 또는 노동의 결과물이 타인의 욕구와 필요를 만족시켜 사회적 의미를 획득할 때 비로소 소득으로 이어질 수 있음을 전제한다. 그리고 사회적 의미를 얻은 노동을 통한 그 소득의 크기가 너무 작아 나의 생명을 해치게 되는 것도, 반대로 그 크기가 너무 커서 타인의 생명을 위태롭게 하는 것도 둘 다 허용하지 않는다.

현 인류가 매일 생산하고 소비되지도 않은 채 버려지는 상품들의 양을 생각해 볼 때, 사실상 우리 중 많은 이들이 적정한 소득을 보장받기만 한다면 몇 년 내지 몇십 년간 그들의 노동을 중단한다고 해도 인류는 아무 심각한 문제도 겪지 않을 것이다. 대규모 실업 문제가 여러 국가들의 공통된 골칫거리가 되고 있는 것이 현실이지만 생산 기술의 거듭되는 발전과 생산 과정의 기계화 및 자동화를 통한 노동 시간의 획기적인 단축을 생각해 보면 실상 현 인류에게 과거와 같은 노동 시간을 고수하는 것은 결코 유의미하지 않은 까닭에 노동 시간을 일반인들의 기대 이상만큼 혁

신적인 수준으로 줄이지 않고서는 지금과 같은 대규모의 실업이 발생하는 것은 어느 모로 보나 불가피하다. 아마도 모두가 주 3~4일, 하루 서너 시간만의 노동 시간을 공유할 수 있다면 완전고용은 자연스럽게 실현될 것이며 실업 문제는 다른 세계의 이야기가 될 것이다. 만일 그렇게 된다면 아마도 우리 중 많은 이들은 우리의 아이들처럼 노동과 놀이를 심각하게 구분해야 할 필요도 없어질 것이며 충분한 여가 시간을 통해 자유롭게 각자의 취미와 재능을 발굴하고 계발할 수 있을 것이다. 그리고 만일 이러한 수준의 노동 시간 감소와 더불어 소득상한제 실시가 현실화된다면 여가 시간이 노동 시간의 연장이 되든 그렇지 않든 각자의 욕구와 필요가 사회적으로 큰 해악이 되는 일은 그다지 많지 않을 것이다.

사물인터넷과 인공지능, 3D 프린터 기술 등에 기반한 4차 산업혁명의 서막은 기계화 및 자동화에 기반한 새로운 형태의 생산 방식을 통해 이미 대규모 실업을 현실화하고 있다. 로봇과 센서 장치들이 제조업 일자리의 노동자들을 대거 대체하고 블루칼라 노동자뿐 아니라 병원과 관공서, 법률사무소와 금융회사, 언론사 등에서 의사, 공무원, 변호사, 회계사, 기자 등을 대체하는 컴퓨터화된 로봇들이 등장하기 시작했다. 기계가 아닌 인간만이 고유하게 할 수 있는 일의 영역은 점점 더 축소되어 가고 있는 듯한 불안이 다가오는 시대를 엄습하고 있다. 일자리가 사라진다면 임금도 소득도 사라질 것이고 그렇다면 임금 소득에 기대어 생활하고 있는 노동자들의 소비 역시 불가능해질 것이다.

한편에서는 과거의 생산과 소비 개념은 이제 낡은 것이 되었으며 새로이 네트워크화된 분산 시스템이 제조와 유통의 한계비용을 제로에 가까운 수준으로 낮추어 각자는 각자의 집 주변에서 생산한 녹색에너지가 연결된 에너지 인터넷을 통해 물류와 서비스, 각종 지식과 정보를 무료에 가까운 수준으로 소비할 수 있게 될 것이라 낙관한다. 미래가 그렇게만 펼쳐진다면야 일자리와 소득이 줄어든다 해도 아주 적은 액수의 소득만 확보된다면 그리 심각한 문제는 일어나지 않을 것이다. 미래의 기술이 자연스럽게 정치적, 경제적 권력을 세계인들 한 명 한 명에게 분산시켜 주고 이를 통해 모두가 에너지와 주택, 음식과 의복, 의료와 교육 서비스 등을 무료로, 또는 아주 적은 비용으로 평등하게 공유할 수 있는 세계가 펼쳐지기만 한다면 소득상한제에 관한 우리의 이러한 논의는 아무짝에도 쓸모없게 될 것이다.

과학자들과 공학자들이 변화시키고 또 변화시키려 시도하고 있는 공상과학 영화에나 나올 법한 미래의 이러한 기술들이 앞으로 우리의 미래를 어떠한 모습으로 펼쳐 보일런지는 알 수 없다. 인류의 역사가 오직 기술들의 변화만으로 진행되는 기계의 역사와 동일한 것은 아니며 그러한 기술들의 변화와 맞물린 정치적, 경제적, 사회적, 문화적 상호작용들이 더해져 인류의 역사가 펼쳐질 것이기 때문이다. 전 세계의 인구가 무료에 가까운 에너지인터넷에 연결되어 저렴한 비용으로 구입한 원료를 이용해 3D 프린터로 신체 장기에서부터 집과 자동차까지 누구나 자유롭게 자신이 원하는 것들을 생산하고 소비할 수 있는 유토피아가 도래할 수도 있다는 상상이 우리를 즐겁게 한다면, 이번엔 다른 극으로 가서 전혀 다른 디스토피아를 상상해 보자.

지금까지의 세기가 초국적 산업자본가 및 금융자본가에 의한 자본의 독점 현상과 함께 진행된 것이라 한다면 다가올 앞으로의 세기는 신기술과 함께 새로운 초국적 권력으로 등장한 일군의 엔지니어들이 다시금 기존의 거대 자본들과 결탁되어 기존의 양극화와는 또 차별되는 더 심대한 양극화가 진행되지는 않을까? 그리하여 한편에는 그러한 최첨단 기술을 보유하고 플랫폼을 장악한 0.001퍼센트의 계층이 수십 초, 수 초 만에 천문학적 액수의 소득을 거두고 있는 동안, 다른 한편에는 로봇에게 자신의 일자리를 빼앗기고 로봇 몸체를 청소하게 된 다수의 노동자들이 생활비를 감당하기 위해 휴일도 없이 초과 노동에 시달리며 최저임금으로 근근이 자신의 생활을 영위하게 되지는 않을까? 이런 상상도 저런 상상도 그저 상상일 따름이지만 그 두 가지 모두가 그리 실현 불가능한 이야기만도 아닐 것이다.

우리의 이야기를 다시 현재로 되돌려 시작해 보자. 많은 가구들이 집을 사기 위해, 등록금을 지불하기 위해 은행에 빚을 지고, 대기업의 말단 사원과 CEO의 임금 차이는 몇십 배, 몇백 배에 이르며, 청년들은 취직도 결혼도 할 여유가 없어 은행에서 빌린 등록금을 가지고 암호화폐 시장에 뛰어들어 횡재할 날만을 기다리고, 정부는 부채와 실업 해소를 위해 노력한다지만 일반 서민들의 채무가 줄어드는 것도 임금이 늘어나는 것도 아닌 현재. 이러한 현재, 앞으로 행여나 실현될지도 모르는 유토피아적 상상에도 불구하고 우리가 기어코 다시금 소득상한제를 주장한다면 그것은 우리의 지나친 기우로부터 비롯된 것일까? 설령 블록체인에 기반한 암호화폐가 중앙은행을 통해 발행되는 기존의 화폐를 모두 대체하게 되는 날이 온다 하더라도, 또한 그러한 암호화폐의 사용이 새로운 기술에 근거한 새로운 형태의 자본가 계층을 출현시킨다 하더라도 여전히 암호화폐의 소유가 기존 자본을 지닌 권력 관계의 연장선에서 이루어지고 그것에 의해 결정되는 한, 암호화폐가 아무리 분산된 네트워크 장치 안에서 기능하게 된다고 한들 부의 불평등 문제는 아무것도 해결되는 것이 없을 것이다.

따라서 우리가 우리의 현재적 자본의 관계를 재설정하고 재분배하기 위한 현실적인 노력을 경주하지 않는다면 그것이 블록체인 기술이든 또 다른 어떠한 최첨단 기술이든 미래에 도래할 기술이 우리의 노력과는 무관하게 우리에게 유토피아를 가져다주리라는 기대는 그저 허망한 것이 될 뿐이다. 분명 새로운 기술이 다가올 인류의 정치적, 경제적 생활을 어떤 식으로든 바꾸어 놓을 것은 당연한 일이다. 이러한 기술을 통해 우리가 이루고자 하는 사회로 어떻게 다가갈 것인가 하는 것은 언제나 우리 모두의 몫이며 우리가 꿈꾸는 사회의 모습이란 어떠한 모습인가 하는 것 역시 우리 스스로가 결정해야 할 문제이다.

만일 우리가 여전히 소득상한제의 실현이라는 꿈을 간직하고 있다면 미래에는 블록체인 기술을 통해 개개인의 모든 소득의 발생 과정에 대한 데이터를 실시간으로 투명하게 기록하고 공유하며 부패로 인해 제 기능을 다하지 못할 수도 있는 중앙화된 기관 없이도 개개인 모두가 서로의 감시자가 되어 분배 문제의 해결을 새로이 모색해 볼 수도 있을 것이다. 그렇게 된다면 정부는 개인과 기업의 소득을 일일이 파악하기 위해 시간과 재원을 낭비할 필요 없이 블록체인을 기반으로 생성된 정보를 바탕으로 과세 정책을 더욱 효율적으로 수행할 수도 있다. 이러한 문제는 국가의 존재와 변화의 문제를 포함하고 있는 것으로 그리 단순한 문제는 아닐 것이다. 국가란 것 역시도 역사의 흐름에 따라 그 모습과 성격이 변화될 수밖에 없는 것이라 한다면 미래의 국가란 어떠한 모습이며 존재 여부는 어떠할 것인지, 국가를 현실적으로 지탱하는 정부 및 다른 국가기관의 구조는 어떻게 변화하고 그 기능과 작동 방식은 또 어떻게 변화할 것인지 그 결과를 명확하게 예측할 수는 없다.

다만 만일 현재와 같은 국가의 모습이 사라지고 국가의 과세권 또한 사라지게 될 경우 새로운 4차 산업혁명의 기술이 소득상한제의 아이디어와 결합된다면 어떠한 미래가 다가올지 잠시 상상해 보자. 암호화폐이든 기존의 화폐이든 화폐를 거래하는 개인들의 모든 계좌에 대한 정보가 블록체인을 통해 공유되고 그 개인들이 소유한 자본 간의 크기의 차이가 공유자들이 함께 약속한 한계를 넘어설 때 자동적으로 많은 쪽에서 적은 쪽으로 자본의 이동이 발생하는 새로운 플랫폼을 만들어 국가에 세금을 낼 필요도 없이 참여자들 스스로가 손쉽게 그들 간의 자본의 분배 문제를 직접 해결할 수도 있지 않을까?

아마도 이러한 블록체인 공유자들의 약속을 알고리즘화하고 그러한 프로그램을 바탕으로 한 네트워크를 구현해 내는 것은 기술적으로 그리 어려운 문제는 아닐 것이다. 물론 분배 과정 및 방법과 관련하여 그에 따르는 여러 부수적인 문제들이 생겨날 수 있을 것이겠지만 아마 그러한 플랫폼의 기술적 창시보다는 외부적 권력들 간의 갈등과 투쟁의 해결이 몇 배는 더 심각한 문제로 대두될 것이다. 설령 그러한 플랫폼이 실제로 만들어진다고 해도 그것에 참여할 것을 모두에게 누가 강제할 수 있을 것인가? 만일 그러한 플랫폼이 만들어져 사용된다면 그것은 누구에 의해 어떤 방식으로 가능할 것인가? 또한 이러한 새로운 기술에 의해 국가 권력이 약화되는 결과가 초래된다면 국가를 넘어서는 초국적 자본들의 미래는 어떻게 될까?

과학기술의 역사가 늘 그러하듯 그 역사는 기술을 탄생

시킨 과학자나 공학자의 의도만을 따라 펼쳐지는 것은 아니다. 비트코인 역시 그것을 창시한 사토시가 의도한 바대로 국가에 집중된 화폐 권력을 대중에게 분산시키고 참여자 모두가 그 권력을 공유할 수 있도록 하는 새로운 화폐로 자리 잡았다기보다는 주식이나 부동산과 같은 새로운 종류의 투기 대상이 되어 채굴업자와 거래소, 비트코인에 투자한 헤지펀드에게 또 다른 경로를 통한 거대 자본의 축적을 가능하게 했다. 또 다른 한편으로는 각국 정부의 지원 또는 규제에 따라 비트코인 가격이 급등락하는 등 비트코인의 가치 역시도 여전히 국가 권력에 종속되어 있는 모습을 벗어나지 못하고 있다.

물론 현재의 이러한 암호화폐 시장이 앞으로 또 어떤 모습으로 변하게 될지는 알 수 없다. 그러나 분명한 것은 암호화폐가 사회 전반에서 공인된 화폐로서의 기능을 부여받을 수 있으려면 기존의 정치경제적 장 위에서 작동하던 국가 및 기업 권력들과 어떻게든 연관 관계를 맺지 않고서는 불가능하다는 사실이다. 현재 우리 사회를 이루고 있는 권력들의 지형이 경제적으로 충분히 불평등한 모습을 띠고 있다는 데에 동의한다면 그러한 권력들의 놀이의 연장선에서 기능하게 될 암호화폐 역시도 그러한 불평등을 제거하거나 줄이기 위한 다른 장치를 갖추지 않고서는 모두에게 평등한 경제적 삶을 약속해 주지는 않을 것이다.

  소득상한제의 시행이 블록체인 기술의 도움으로 인해 더 빠르고 효과적으로 확산될 수 있다면 참으로 반가운 일일 것이다. 다만 문제는 우리의 정치적, 경제적 삶이 온라인상에서 어디까지나 전자적으로만 이루어지는 것은 아니라는 점이다. 실질적이고 구체적인 법안 및 제도의 마련과 이를 일관되게 실행해 나갈 수 있는 정당 및 정부의 의지, 그리고 이 모든 것을 뒷받침하여 줄 시민사회의 성숙한 민주의식과 정치적 실천이 모두 병행될 때에야 4차 산업혁명의 기술들 또한 온라인을 넘어 오프라인에서 우리가 꿈꾸는 건강한 자본주의를 향한 밑거름이 될 수 있을 것이다.

5 소득상한제의 문제점과 전망

물론 소득상한제 이외에도 다른 여러 제도적 장치들을 변화시켜 소득불평등과 양극화의 문제를 해결할 수도 있을 것이다. 문제는 작금의 경제활동들을 허락하거나 규제하고 있는 제도와 법적 장치들이 일반인들의 평균적인 이해 수준을 훨씬 넘어설 만큼 그 복잡성이 증가하고 있는 데에 있다. 금융기관에서 거래되고 있는 파생상품들의 경우 그 상품들의 거래 조건을 정확히 인지하고 구매하는 일반인들은 실상 많지 않다. 기업의 회계나 금융 문제로 가면 사정은 이보다 훨씬 더 복잡하다. 경제학자나 경제전문가가 아니고서는 쉽게 이해할 수 없는 용어들과 내용들로 가득한 금융시장은 그 안에서 부도덕한 정치가나 기업가가 조작되거나 위법한 금융 거래로 큰 이득을 거둔다 해도 웬만한 언론인들에 의해서는 사실이 제대로 해명되기도 힘들 뿐 아니라 설령 그러한 경우가 기소로 이어져 법정에서 다루어진다 해도 법조인들에 의해 그 잘잘못이 정확히 가려질 수 있는 것인지조차 커다란 의문으로 남는다. 따라서 많은 경우 재판의 결과가 법령의 공정한 해석과 적용이 아닌 변호사와 판검사에 영향을 미치는 자본력의 크기에 따라 결정된다고 해도 그러한 불공정성을 법적으로 명확히 밝혀내기란 쉬운 일이 아니다.

사정이 이러하면 경제학을 전공하지도 않은 일반인들에게 작금의 경제란 그저 다른 나라의 이야기일 뿐이다. 경제 문제를 다루는 칼럼이나 토론 프로그램에서 금융전문가들은 그들만의 세상에서 그들만의 언어로 이야기한다. 일반인들은 그것을 듣고 있어도 그것이 자신들의 경제와 무슨 상관이 있는 것인지 도무지 알 길이 없다. 문제는 이렇듯 다수에게 다른 나라의 이야기인 것만 같은 경제 시스템이 어떠한 방식으로든 우리의 경제에 직간접적으로 영향을 미칠 수밖에 없다는 데에 있다. 경제란 것이 우리 모두의 삶을 이루는 것에 다름 아니라 한다면 작금의 경제는 보다 다수의 삶에 근접할 수 있도록 더욱 단순해져야 함이 옳다. 날이 갈수록 더해만 가는 금융시장의 비대화 및 복잡성의 증대가 소득상한제의 실시보다 다수의 경제생활에 어떠한 이익을 더 가져다준다는 것인지 이해하기 어렵다.

소득상한제의 실시가 아무런 문제 없이 우리 사회에 도입될 수 있다고 말하는 것은 아니다. 그것은 아마도 실시되기도 전에 많은 비판에 직면할 것인데 그중 어떤 것들은 분명 함께 숙고해 보아야 할 것이지만 어떤 것들은 현실적으로 일어나지도 않을 사이비 문제들일 수도 있다. 우선적으로 많은 이들은 다음과 같이 주장할 것이다. 소득을 제한하는 것은 많은 이들로 하여금 일하고자 하는 욕구를 저하시켜 사회 전체는 결국 경제적 활력을 잃어버리고 파국에 직면할 것이라고 말이다. 그리고 더 나아가 그 미래는 과거 공산주의를 시도하려다 몰락해 버린 소련이나 동유럽 국가들과 다름없는 결과를 낳을 것이라고 덧붙일 것이다.

그러나 조금 더 깊이 생각해 보자. 우리로 하여금 노동의욕을 저하시키는 것이 과연 최고 소득의 제한일까? 평생의 노동을 통해서도 획득할 수 없는 천문학적 액수의 소득이 사라진다면 우리가 일하고자 하는 욕구까지도 함께 사라져 버리는 것일까? 사실은 오히려 그 반대가 아닐까? 불로소득을 통해 갑부가 될 가능성이 사라지고 오직 우리의 가능한 노동을 통해서만 우리의 부를 적정한 양만큼 증가시킬 수 있는 사회적 합의와 제도가 마련된다면 우리의 노동은 전보다 훨씬 더 즐거운 것이 되지는 않을까? 노동으로부터 기쁨과 즐거움을 앗아 가고 많은 경우 우리의 노동을 더욱 고되고 힘든 것으로 만드는 것은 아무리 많은 시간 일을 한다고 해도 결코 이룰 수 없는 불합리하기만 한 소수 부유층에게 독점된 재산의 크기이다. 대다수에게 그러한 부는 노동을 통해서가 아닌 복권 당첨이나 주식 투자를 통해서나 이루어 낼 수 있는 것이기에 (주식 투자의 경우 웬만한 밑천이 없이는 그것마저 불가능하다. 그렇다면 여기에 최근 몇 년 사이 등장한 암호화폐 투자를 추가할 수도 있을 것이다) 어마어마한 고소득은 우리로 하여금 노동 의욕을 고취시킨다기보다는 오히려 노동 의욕을 저하시킨다고 말해야 할 것이다.

최고 소득에 제한을 두지 않는 것이 노동 의욕을 더 증가시킬 것이라고 하는 가정은 우리 사회의 현실을 보아도 쉽게 납득하기 어렵다. 사람들은 무엇을 위해 노동하는가? 노동자들이 노동을 통해 끊임없이 현재보다 더 나은 소득을 욕망할 것이라는 가정은 그 역시도 참 의문스럽다. 많은 이들이 일자리를 통해 얻고자 하는 것은 끊임없이 높아지는 소득에 있다기보다는 단란한 의식주 생활과 노동시간 외에 주어지는 휴식과 여가 활동, 그리고 안정된 노후의 보장 등이다. 사실 부동산 가격, 육아 및 교육비, 장바

구니 물가가 나의 임금과 비교해 볼 때 적정 수준으로 계속 유지되고 퇴직 후에도 물가의 변동에 맞추어 적정한 연금이 계속 제공된다면 많은 이들이 굳이 현재보다 더 높은 소득을 끊임없이 추구해야 할 필요도 대부분 사라진다.

그러니 문제는 우리의 생활을 이루는 이러저러한 비용들이 우리의 소득과 상관없이 계속해서 치솟고 노후를 위한 연금의 기초가 사라지거나 불안정해지는 까닭에 있지 최고 소득을 제한하는 것에 있는 것이 아니다. 만일 최고 소득 제한을 통해 부동산 가격이나 주식 가격, 상품과 서비스 가격이 터무니없이 계속해서 상승하는 것을 제한하는 효과까지 불러올 수 있게 된다면 대다수의 경제적 생활은 더욱 안정될 것이며 건강과 생명을 해치는 정도의 과도한 초과 노동 역시 사라지고 더 많은 이들이 노동 시간만큼이나 여가 시간 역시도 충분히 누릴 수 있게 될 것이다.

그렇다면 문제는 소득상한제로 인한 노동 의욕의 감소가 아니라 소득상한제 실시가 가져올 보다 현실적인 난관들이다. 무엇보다 한 나라 안에서 소득상한제가 실시될 경우 그 나라 안의 자본의 국외 유출은 매우 심각한 상황에 처하게 될 것이다. 만일 그것이 한국에서 실시된다고 한다면 기업들은 한국에 투자하기를 꺼릴 것이며 기존에 한국에 있던 자본들까지도 다른 나라로 빠져나갈 것이다. 그리고 이것은 다시 심각한 실업 문제로까지 이어지게 될 것이다. 사실 마르크스가 구상하였던 공산주의 사회의 실현은 전 세계적인 것이 될 때에야 비로소 그 완성된 모양새를 이룰 수 있었다고 해야 할 것이다. 그러니 과거 인류의 역사 속에서 공산주의는 엄밀히 말해 현실화된 적이 한 번도 없다고 해야 옳다.

어느 면에서 소득상한제 역시도 그러하다. 오늘날과 같이 상품과 화폐, 노동력의 가격이 국경을 넘어 전 지구적으로 연결되어 변화하고 있는 이러한 상황에서 한 국가의 국민들의 소득을 제한하는 것은 그들을 경제적으로 고립시키는 결과를 낳게 되지는 않을까? 그렇다면 소득상한제는 모든 국가가 각국의 경제 수준에 따라 함께 실천할 수 있는 합의의 틀을 이루어 낸 후 공동의 법과 제도를 통해 실현해 나갈 때 더욱 바람직한 것이 될 수 있을 것이다. 그러나 이러한 방안이 국가 간의 경쟁의식과 저마다의 국익 추구, 자본가와 정치 세력의 결탁 등으로 말미암아 실현될 가능성이 희박하다고 한다면 각국의 진보 세력과의 적극적인 연대 및 공조와 더불어 소득상한제를 하나의 국가로부터 출발시키기 위한 노력 역시도 게을리해서는 안 된다.

분명 시행 초기에는 자본의 국외 유출로 말미암아 일자리의 감소 및 성장률의 감소에 영향을 받을 것이다. 그러나 소득상한제의 실시가 모든 부유층과 대기업을 국외로 이전시키리라는 것 또한 검증할 수 없는 사실이다. 아직 어디서도 이러한 시도는 이루어진 적이 없으며 만일 우리가 시행 초기에 부딪힐 수 있는 여러 난관들을 슬기롭게 극복하고 고소득층과 대기업의 비판과 반대에도 불구하고 이를 끝까지 밀고 나갈 수만 있다면 종국에 우리와 함께 남게 되는 기업들은 우리가 앞서 이야기하였던 진정으로 사회 전체를 위한 기업들일 것이며 장기적인 관점에서 결국에는 더욱 많은 일자리와 지속 가능하게 유지되는 성장률을 모두 획득할 수 있을 것이다.

애플이나 삼성, 구글과 같은 다국적 기업들이 전 세계 국민들을 대상으로 매년 벌어들이는 막대한 수익에도 불구하고 어느 국가에서도 세금을 납부하기를 꺼리며 조세피난처를 찾아다니는 것을 우리가 막지 못한다면 결국 피해는 주거와 교육 및 의료 서비스 등의 재원이 될 세금의 혜택을 받지 못하고 이를 사적인 비용으로 충당해야 할 다수 국민들에게 돌아갈 수밖에 없다. 따라서 각국의 법인세 인하 경쟁은 얼핏 기업들의 국내 유치를 도모하고 자국의 경제 성장률을 증가시키는 데에 기여하는 듯 보이는 착각을 일으키지만 총체적인 관점에서 볼 때 국가에 돌아오는 혜택이란 다국적 기업에 고용되는 일부 임직원들과 그 기업들의 로비 자금을 건네받는 몇몇 정치가들에게 해당될 뿐이다.

또한 더 나쁘게도 대부분의 거대 다국적 기업은 부유한 나라의 기업이므로 가난한 나라들이 법인세 인하 경쟁에 내몰릴 때 가난한 나라의 세입은 부유한 나라로 이전되어 빈국은 더 가난해지고 부국은 더 부유해지는 국가들 간의 양극화 현상을 피할 수 없게 된다. 소득을 많이 올린 기업들에 상대적으로 많은 세금을 부과하는 것은 기업들의 생산성을 저하시키고 경쟁력을 약화시키는 것과는 아무 상관이 없다. 기업이 소득을 많이 올릴 수 있는 까닭은 어디까지나 다수의 국민이 그 기업의 소비자로서 기능하였기 때문이다. 만일 어떠한 기업이 진정 국가 전체, 세계 전체를 위한 기업이라고 한다면 그 기업은 세금을 어떠한 비용으로 여기기보다는 사회 전체에 대한 또 다른 투자로 인식할 것이다.

만일 기업들에게도 소득상한제를 적용하고자 하는 우리의 이러한 시도에 거대 다국적 기업들 중 한 기업이라도 동참하는 경우가 생겨난다면 소득불평등 및 국가 부채 문제가 단기간에 몰라보게 진전될 수도 있다. 구글을 예로 들어 보자. 만일 한국에서 법인세까지 포함된 소득상한제를 실시한다고 하였을 때 구글이 한국에서 기업 활동을 계속하기 위해서는 국내 기업들의 평균 소득을 기준으로 일정 배수 이상 국내에서 거둔 소득의 상한분은 백 퍼센트 한국에 세금으로 납부하든지 아니면 한국에서 일자리를 늘리고 투자를 확대하는 데에 그 상한분 백 퍼센트를 모두 사용해야 한다. 다시 말해 구글은 한국에 남아 있으면서 소득상한제를 따르든지 아니면 한국 시장을 포기하든지 해야 한다. 만일 구글이 소득상한제를 따르지 않는데도 한국 국민들이 구글 제품을 계속 구매하기를 원한다면 소득상한제는 무너지고 국내 중소기업들과 거대 다국적 기업들 간의 불평등은 지속될 것이다.

이와 반대로 만일 소득상한제를 따르지 않는 구글의 제품과 서비스를 이용하는 것을 한국 국민들이 더 이상 원하지 않게 된다면 소득상한제는 유지될 것이며 역사상 전례 없는 우리의 시도는 더욱 역동적으로 그 실험을 계속해 나갈 수 있을 것이다. 사실상 국민들의 의식이 충분히 성숙된다면 조세회피를 일삼는 기업들이 해외로 모두 빠져나

가고 한국과 거래를 중단하게 된다 하더라도 국민들은 전혀 개의치 않을 것이다. 또한 법인세 상한제 실시로 인해 대기업의 수가 줄어들고 중소기업들의 수가 상대적으로 늘어난다 하더라도 사회 전체의 경제에 끼치는 해악은 거의 없을 것이며, 소득상한제를 따르며 기업의 규모를 확대하게 될 대기업은 고용과 투자 면에서 국가 전체에 이로운 영향을 끼칠 것이기 때문에 대기업 위주의 경제구조가 존속하게 된다 하더라도 그로 인해 파생되는 문제점들은 놀랄 만큼 줄어들 것이다. 따라서 모든 문제는 하나로 수렴된다. 우리가 소수 억만장자 영웅들의 노예로 남아 있듯 거대 다국적 기업들의 노예가 되는 것 역시 포기하지 않는다면 기업들에게까지 소득상한제를 적용하는 것은 영영 불가능한 일이 되어 버릴 것이라는 것이 그것이다.

다국적 기업들이 국내의 세율을 피해 조세회피처에 페이퍼 컴퍼니를 설립하고 더 낮은 세율을 적용받거나 아니면 아무런 세금도 내지 않는 행태는 현재 예외적인 경우에 해당하는 것이 전혀 아니다. "세계 무역량의 절반 이상이 최소한 서류상으로나마 역외의 조세피난처를 거친다. 은행업에 관련된 총자산의 절반 이상과 다국적 기업들의 외국인 직접 투자액(FDI)의 3분의 1이 역외 세계를 거친다. 국제

은행업 및 채권 발행의 약 85퍼센트가 이른바 유로마켓이라는 무국적의 역외 지대에서 이루어진다. (…) 2008년 미국 연방회계감사원(GAO)은 미국 100대 기업 중 83개 기업이 조세피난처에 자회사를 보유하고 있다고 보고했다."[6]

조세피난처 중 하나로 잘 알려진 영국령 버진아일랜드의 인구는 10만 명이 좀 넘을 뿐이지만 그곳에 등록되어 있는 기업은 80만 개가 넘는다. 조세피난처는 우리에게 잘 알려지지 않은 자그마한 섬나라들만이 있는 것은 아니다. 영국과 미국, 스위스와 네덜란드, 오스트리아와 벨기에, 홍콩과 싱가포르 등 주요 선진국들이 역사 깊은 조세피난처 구실을 하고 있기 때문에 그러한 국가들이 스스로 자신들을 문제 삼을 까닭이 생기지 않는 한 이 문제는 쉽게 수면 위로 떠오르지 않는다. OECD가 발표했던 조세피난처 명단에는 이들 중 상당수가 빠져 있다.

아마도 다각적인 노력이 동시에 이루어져야 할 것이다. 국내에 조세회피 수사를 전담하고 다국적 기업의 법인세 징수를 전담하는 기구를 창설하고, 조세피난처로 알려진 국가들의 은행들 전체를 대상으로 고액의 금융거래 시 거래정보를 의무적으로 송신해 줄 것을 요청하며, 조세피난

---

[6] 『보물섬』, 니컬러스 색슨 저, 이유영 역, 부키, 2012, 31쪽.

처가 있는 국가의 정부 측에도 또한 국가 간의 정상회담이나 다른 국제회의 석상에서도 문제의 심각성을 지속적으로 부각시키고 이를 세계적인 문제로 이슈화시켜 다국적 기업들이 상대적으로 더 가난한 국가의 세금을 회피하여 이를 자신들의 수익으로 돌리는 일을 중단하도록 각국 정부가 다 함께 노력해야 한다. 또한 국외에 소재한 기업들이라 할지라도 국내 소비자나 국내 은행 및 기업과의 거래에서 올린 소득은 국내 기업에 적용되는 기준의 소득상한제의 적용을 피할 수 없도록 강제하는 법안 마련도 함께 필요할 것이다.

사실상 이 모든 방안은 정부와 국회의 노력 없이는 이루어질 수 없겠지만 그보다 더 중요한 것은 다국적 기업의 소비자 한 명 한 명을 이루는 국민들 전체의 공정하고 평등한 공동체를 이루어 내고자 하는 열망과 노력이다. 이 과정에서 다른 국가의 진보 세력들과 연대함으로써 소득상한제를 세계적으로 확대하기 위한 국가 간의 공조 역시 필수적이다. 문제는 한 국가에서 출발할 때 자본 유출과 같은 단기적으로 부딪히는 문제들을 극복하고 다수의 힘으로 소득상한제를 견지함으로써 다른 국가들의 선례가 될 수 있는 경우를 실현시켜야만 세계적인 파급력도 얻을 수 있으리라는 것이다. 그 선례가 한국이든 중국이든 미국이든 프랑스든 스위스든 덴마크든 어디든 상관은 없다. 만일 어느 나라든 먼저 소득상한제를 현실화하여 다른 나라들에게 유익한 선례가 되고 이러한 움직임이 세계적으로 확산된다면 종국에는 해외로 도피한 자본들이 더 이상의 투자할 장소를 마련하지 못하게 될 것이며 부의 불평등 문제는 상당 부분 치유될 수 있을 것이다.

자본 유출의 문제 이외에도 소득상한제의 실현에 따르는 여러 문제들을 함께 고려에 넣어야 할 것이다. 소득상한제 시행으로 인해 시간이 지남에 따라 세수가 줄어들 가능성을 염두에 두면, 법안 시행 초기에 막대하게 거둬들인 세수를 어떠한 분야에 어떻게 사용할 것인지 이후 감소될 세수를 고려하여 결정하고 운용하여야 한다. 만일 초기의 세입을 통해 일자리 창출이 많이 이루어진다면 이후 고소득층의 소득세 세입은 감소할 것이겠으나 수적으로는 더 많은 근로자들의 소득세가 징수될 것이기 때문에 세수는 일정 시간이 흐름에 따라 적정한 수준을 유지하게 될 것이다. 상한을 넘어 징수된 세수는 한편으로는 보육 및 교육 시스템, 주거와 의료 서비스, 기타 공공시설 등 전반적인 복지 시스템을 확충시키고 사회 전반의 안전을 도모하는 데에 쓰일 수 있을 것이며, 다른 한편으로는 대체 에너지 산업이나 첨단 기술 산업 등 신규 투자를 위한 재원으로도 사용될 수 있을 것이다. 전자든 후자든 두 가지 모두 일자리의 확대와 연결되므로 실업 문제는 자연스레 줄어들게 될 것이다.

이러한 과정과 더불어 모두에게 충분한 수준의 최저임금을 보장하고 공공기관과 공기업부터 1일 2교대가 가능한 수준으로 법정 근로 시간을 대폭 단축하여 이를 민간기업으로까지 확대시키는 데에 성공한다면 완전고용을 현실화할 수 있을 것이다. 이러할 경우 노동유연화로 인해 근무 기간의 단축이 보편화된다 하더라도 정부는 경력 단절자에게 재취업을 위한 교육과 손쉬운 일자리를 함께 제공함으로써 재취업 준비 기간 동안 지급해야 할 실업수당을 절감할 수 있을 것이며, 근무 시간을 단축하게 된 근로자들은 근무 외의 시간에 각자의 능력을 계발하고 취미 활동을 벌이는 데에 자신의 소득을 지불할 것이므로 현재와 같은 가계의 소비 저하로 인한 경기 침체 역시 얼마간 극복될 수 있을 것이다.

근로 시간이 줄어든다 할지라도 주거 문제가 안정되고 무상의료, 무상교육이 단계적으로 현실화되면 주택구입비 및 교육비와 의료비 지출이 크게 줄어들 것이므로 임금 소득이 일정 수준 이하로 떨어지지 않는 한에서 가계의 다른 부문의 소비와 저축은 더 늘어날 수 있을 것이다. 만일 소득상한제를 실시한 결과 임대료가 더 상승하는 결과가 초래된다면 다른 정책적 보완이 필요할 것으로 보인다. 사실상 현재와 같은 수준으로 부동산 보유세율을 유지하고 다주택 보유를 법적으로 계속 허용하게 된다면 부동산 가격의 안정은 기대하기 어려울 것이다.

주택 문제는 단지 정부의 정책뿐 아니라 주택에 대한 국민 모두의 건전한 생각이 바탕이 되지 않으면 해결되기 어렵다. 주택은 우리가 거주하는 곳이지 투자의 대상도 투기의 대상도 아니다. 집이란 우리가 살고자 하는 것을 본질적 목적으로 하는 것이지 매매를 통해 차익을 올리는 목적을 갖는 것이 결코 아니다. 아마도 이러한 사고가 모두의 상식이 되지 않고서는 부동산 문제는 절대 해결될 일이 없을 것이다. 정부가 임대사업자 정책을 통해 주택 문제를 완화하고자 노력하고 있으나 임대를 목적으로 한다고 해서 주택 보유를 아무런 수적 제한도 없이 허용하는 것은 상식적으로 납득하기 어렵다.

집을 소유한다는 것은 그만큼의 공간을 점유하는 것이다. 하지만 집이나 토지라는 공간은 어디까지나 한정적이다. 더구나 인구가 밀집해 있는 대도시라면 시민 각자가 소유할 수 있는 공간의 크기는 더욱 제한될 것이다. 나의 재산이 남보다 더 많다고 해서 마치 내가 옷을 여러 벌 사고 신발을 여러 켤레 살 수 있듯 집 역시도 열 채, 스무 채, 백 채, 이백 채를 사는 것이 아무런 법적 제재도 없이 허락된다면 그것은 가지고 있는 재산의 크기와 무관하게 국민이라면 누구나 공평하게 누려야 할 거주의 자유를 침해하는 것과 그리 다른 것이 아니다. 병든 자본주의는 집이란 살아가는 곳이 아니라 소유하는 것, 사고파는 것이라고 가르친다. 소득상한제의 실현을 위해서라면 이제 우리는 더 비싸고 더 많은 집을 소유할 자유보다 단순히 거주할 자유가 모두에게 우선시되는 건강한 자본주의를 꿈꾸어야 한다. 가능한 한 주택 보유 수를 두세 채 이하로 제한하는 동시에 종합부동산세율을 대폭 강화하여 수도권과 지방 간의 부동산 가격 격차를 줄이고 주택 거품을 세수로 전환하여 보다 생산적인 정책 활동을 위한 재원으로 삼는 것이 바람직할 것이다.

  자신의 집 한 채 없는 이들이 국민 전체의 절반 정도를 차지하고 있음에도 불구하고 정부의 고위공직자들 중에는 한국에서 제일 집값이 높은 강남 지역에 집을 소유하고 있거나 다주택자인 이들이 여럿이기 때문에 그들이 강남의 집값을 낮추거나 보유세를 크게 인상하는 일에 그리 재미를 느끼지 못할 것은 뻔하다. 누군가는 이렇게 말할지도 모르겠다. 일반 국민들보다 더 스마트하고 더 유능한 이들이 고위공직자 자리에 오른 것이며 그래서 그들이 더 비싸고 더 많은 집을 소유하고 있는 것은 당연한 일이라고.

우리가 쉽게 빠지고 마는 또 하나의 함정인 엘리트주의는 자본주의를 병들게 하고 자본주의를 민주주의와 멀어지게 하는 매우 주요한 이데올로기적 장치 중 하나다. 우리의 신체가 생명과 건강을 유지하기 위해서는 두뇌의 작용만이 아니라 팔과 다리, 심장과 폐, 뼈와 살의 존재를 모두 필요로 하는 것과 마찬가지로, 우리의 사회가 하나의 커다란 생명체라면 건강한 사회를 이루기 위해서는 정치 가뿐 아니라 사회 어느 곳에서 어떠한 일을 담당하고 있는 구성원이든 모두가 대등한 경제적 대가를 누릴 수 있어야 마땅할 것이다.

아마도 미래에 우리가 꿈꾸는 경제 정책을 구상하고 실현시킬 정부를 등장시키는 데에 성공하게 된다고 한다면 다음으로 남게 되는 큰 문제는 이에 반대하는 기업들을 어떻게 설득시키거나 강제할 것인가 하는 점일 것이다. 따라서 문제는 앞서도 이야기하였듯이 우리 모두가 기업의 의미와 존재 가치를 한 번 더 재고하고 새로이 하지 않으면 결코 해결되지 않을 것이다. 만일 어떤 기업도 자신의 이익잉여금을 감소시키면서 근로자의 근로 시간을 줄이고 일자리를 늘리려 하지는 않을 것이라는 데에 우리 모두가 수긍하고 합의한다면 지금까지 우리가 이야기한 새로운 사회는 결코 도래하지 않을 것이다. 그리고 그러한 모습의 기업들이 결국 우리 모두의 경제에 보탬이 된다는 근거 없는 믿음은 영원히 지속될 것이다.

어떤 의미에서 유능한 정부란 사회 각 분야의 미래 투자 가치를 현명하게 파악하고 이에 따라 정책과 세금을 효율적으로 집행한다는 의미에서 또 하나의 유능한 기업임에 다름 아니며, 유능한 기업이란 기업 활동을 통해 자신의 기업에 속한 직원들을 넘어 사회 전체 구성원들의 경제적 생활을 윤택하고 풍요롭게 만든다는 의미에서 또 하나의 유능한 정부임에 다름 아니다. 아마도 큰 변화는 이것 다음에 저것이 따르는 식이 아니라 사회의 모든 주체, 모든 분야가 조금씩 함께 변화하면서 이루어질 테다. 이 모든 것이 어느 날 한꺼번에 완성될 리는 없다. 우리 모두의 지속적인 관심과 숙고, 토론과 합의가 바탕이 되어야만 비로소 현실 속에서 가능해질 수 있는 것이다. 지금껏 어느 나라에서도 실현된 적이 없는 소득상한제. 우리가 그 출발을 이루게 된다면 상상만으로도 즐거운 비명을 지르고 싶지 아니한가.

6 민주주의란 무엇인가
- 소득상한제의 정치적 함의

　평등의 가치를 민주주의라는 정치적 장 안에서 1인 1표제의 원리로 구현시킬 수 있다면 우리는 자본주의라는 경제적 장 안에서 소득이라는 개념으로 평등의 의미를 포섭해 낼 수 있다. 각 개인은 자신의 정치적 능력에 상관없이 민주주의 체제가 용인하는 한 표를 행사함으로써 정치적 권력의 주체가 된다. 물론 이 정치적 권력의 행사는 경우에 따라 자유로이 혹은 강제적으로 포기될 수도 있다. 투표권의 행사나 포기가 자유로운 과정을 거치는가 강압적인 과정을 거치는가는 민주주의 자체의 완성도에 따라 달라질 것이다. 마찬가지로 각 개인은 자신의 경제적 능력의 크기에 상관없이 자본주의 체제를 유지시키는 각자의 소득을 통해 경제적 권력의 주체가 된다. 이 경우에도 역시 자발적으로든 비자발적으로든 무소득의 가능성은 존재한다.

　투표라는 과정이 국가라는 테두리 안에서 주권을 지닌

국민이라는 요소를 필요로 한다면, 소득이라는 과정은 시장이라는 테두리 안에서 자본을 바탕으로 한 노동자라는 요소를 함축한다. 주권이 없는 국민이 투표에 참여하는 것을 상상할 수 없듯이 어떠한 자본도 마련하고 있지 않은 노동자 역시도 상상할 수 없다. 그 노동자가 집 한 채, 동전 한 닢도 소유하고 있지 못하다 하더라도 그에게는 적어도 자신의 신체라는 인적 자본, 즉 노동력을 지니고 있다는 점에서 그러하다. 또한 우리는 원초적인 의미에서 어떠한 노동력도 투입되지 않은 자본이란 존재할 수 없는 것으로 가정할 것이다.

이처럼 소득은 나의 노동과 자본을 통해 특정한 크기로 생산된다. 내가 선호하는 노동의 종류, 일자리가 다른 까닭에 나에게 돌아오는 소득 역시 다르다. 우리는 평등과 유리되지 않은 고유한 의미의 자유로부터 출발했다. 그렇다면 이제 우리는 그 전제가 낳은 이 소득의 불평등이라는 결과를 어떻게 해결해야 할까? 소득 역시 그 소득의 크기가 모두 다르다는 점에서는 평등한 것이라고 이야기해야 할까? 이 지점에서 우리가 평등 없는 자유, 자유 없는 평등의 나락으로 떨어지지 않기 위해서는 생명이라는 중요한 출발점을 다시 상기시켜야 한다. 각자의 소득이 다를 수 있다면 그것은 어떠한 경우에 그러한가?

　나의 소득이 타인의 소득보다 높을 수 있으려면 나의 경제적 행위가 타인의 그것보다 생명의 심장부에 더욱 가까이 있어야 한다. 나의 생명을 무릅쓰고도 모두의 생명에 더욱 기여하는 바가 있을 때에야 나의 소득은 다른 이의 소득보다 더 큰 가치를 부여받을 수 있다. 우리 사회가 자유롭고도 평등한 사회가 되려면 나의 소득이 나의 생명을 보전하는 데 기여해야 함은 물론이고 타인의 생명을 해치는 정도가 되어서도 안 된다. 비슷한 수준의 노력으로 동일한 시간을 일한 모두에게는 누구에게나 같은 가격의 한 끼 식사가 마련될 수 있어야 자유롭고 평등한 사회라 할 것이다. 정치가의 한 끼 식사의 가격이 평균 국민들 식사비의 몇 십 배가 된다거나 CEO의 하루 생활비가 그 회사의 말단 직원의 몇 달 치 생활비가 된다면 그러한 정치가나 기업가는 자신의 소득으로 다른 이들의 생명과 건강을 해치고 있는 것이나 다름이 없다. 나의 소득이 곧 나의 밥값뿐 아니라 타인의 밥값으로도 이어질 수 있다고 생각한다면 남보다 지나치게 높은 소득을 바라는 것은 어찌 보면 살인 행위나 마찬가지이다.

　하지만 우리 사회 현실은 어떠한가? 고소득이 마치 지

상의 가치라도 되는 듯 역대 연봉이 많은 젊은이들의 꿈이 되고 주부들까지도 이에 가세해 재테크로 고소득을 올리는 것이 그들의 희망이 되었다. 높은 가치는 생명을 살리는 것에 있지 높은 소득에 있는 것이 아니다. 또 진정 자유로운 사회에서 그 누군가가 타인보다 더 높은 소득을 얻는 것이 가능할 수 있다면 그것은 그의 노동이 어디까지나 모두의 생명에 더 가까이 있기 때문이지 결코 다른 이유에서가 아니다. 소득은 소득 그 자체로 목적이 될 수는 없다. 소득이 나의 밥이 되고 나의 생명이 되어서 필요한 것이지 소득 그 자체가 1억이 되고 10억이 되고 100억이 되어서 마치 그것이 절대적 가치이고 목적이 되는 양 착각하는 것은 그 누군가의 생명을 빼앗는 일이 될 수도 있다.

모든 자살은 사회적 타살이다. 우리가 계속해서 우리 사회 전체의 건강을 함께 추구하기보다는 그저 고소득자가 되기만을 선망하고 욕망한다면 오늘도 우리 사회 뒤편 어딘가에서는 생활고 탓에 스스로 목숨을 끊는 누군가가 필시 존재하기 마련이다. 또한 이렇듯 자살자뿐 아니라 빚을 갚기 위해 보험금을 노리고 타인의 생명을 해치는 것까지도 마다하지 않는 범죄자 역시 줄어들지 않을 것이다. 우리가 비단 우리 개인의 권리와 부만이 아니라 우리 사회 전체의 정치와 우리 사회 전체의 경제를 먼저 생각하고 모색하여야 하는 까닭도 여기에 있다. 더 많은 소득을 욕망하기에 앞서 네가 더 큰 생명 안에 있는가를 먼저 물어라. 만일 그렇다고 한다면 네가 그 생명에 몸담고 있는 만큼 너의 소득이 실현될 수 있는 세상을 꿈꾸어라. 만일 네가 남들보다 더 큰 생명을 품고 있는데도 남들과 같은 소득을 바란다면 네가 몸담고 있는 세상은 더 큰 생명력으로 차고 넘치게 될 것이다.

보이지 않는 손에 의해 공평한 시장이 이루어질 것이라는 기대는 자본주의 역사가 드러낸 모순된 현실 속에서 거짓임이 판명되었다. 보이지 않는 손의 작용이란 것이 시장을 조절하는 국가 및 정부 관료들의 손이 사라진 상태를 의미한 것이었다면 그러한 손이 사라졌을 때에도 지주 및 자본가의 손들은 시장 안에서 여전히 인위적인 방식으로 작동을 멈추지 않고 있었다. 따라서 어떠한 인간의 손도 거치지 않은 그저 순수하고 자연적이기만 한 경제원리에 따라 시장이 움직인다는 것은 실제 경제 현실에서는 마주칠 수 없는 환상에 다름 아니다. 게다가 시장이란 개념을 인위적인 것에 반하는 자연적인 것으로 간주하면서 인간과 자연을 서로 배타적인 카테고리로 상정하는 주장들은 생명이라는 그 둘의 공통된 지반을 놓치고 있다는 점에서 생산 개념을 설명하는 유효한 근거를 놓치기 쉽다. 어떠한 정치적 인간도 일체의 경제적 생활로부터 모두 자유로울 수는 없는 것과 마찬가지로 어떠한 경제활동도 정치세력들이 그리는 지도와 정책들로부터 떨어질 수 없다.

그간의 자본주의가 자유와 평등의 관점에서 경제적으로 그다지 성공적이지 못한 자본주의였다고 한다면 그것은 우리의 민주주의가 그만큼 정치적으로도 발전되고 성숙되지 못하였다는 의미나 다름없다. 정치적 권력이 다수의 민중을 통해 행사되는 것이 아니라 소수의 부유층에 의해 전유될 때 경제적 불평등은 자연스레 더욱 심화될 것이며 경제적 불평등의 심화로 인해 정치가 점점 더 부유층의 이해만을 대변하게 되면 그러한 이해와는 무관한 다수는 정치적 참여에 아예 관심을 두지 않게 되어 민주주의는 제 기능을 잃고 만다. 정치란 것이 우리 모두의 것이 되고 민주주의가 다만 이름뿐인 민주주의가 아니라 진정 모든 국민이 주인이 되는 본래적 의미의 민주주의로 발전하게 된다면 아마도 그때에는 우리의 경제 역시도 지금과는 사뭇 다른 모습의 자본주의 안에 자리하게 될 것이다.

작금의 자본주의가 자유와 평등이 갖는 본연의 의미에

전혀 충실하지 못하고 있다면 그것은 어디까지나 우리 모두가 정치적으로 그러한 그릇된 경제적 상태를 용인하고 있기 때문이다. 왜 개인 간 소득의 차이에 제한이 없는 자본주의가 그 차이에 제한을 두는 자본주의보다 더 훌륭하고 좋은 것인가? 왜 소득의 크기에 법적인 제한을 두는 것은 마땅히 금지되어야 하는가?

분명 누군가는 외칠 것이다. 소득상한제는 개인의 자유를 억압하는 독재적인 발상이며 자본주의 질서에 반하는 것이라고. 글의 첫머리에서 우리는 그것이 자본주의든 공산주의든 자유주의든 사회주의든 또 다른 무슨 이름으로 불리든 그것은 그다지 중요치 않은 문제임을 이미 지적하였다. 공산주의를 극도로 혐오하고 자본주의를 맹목적으로 추종하는 이들의 주된 공통점은 그들이 공산주의와 자본주의 둘 중 어느 것에 관해서도 본질적인 이해를 결여하고 있다는 것이다. 공산주의나 자본주의는 그 개념을 정의하고 그 범위를 확정하는 것부터가 결코 쉽지 않은 일이다. 특히나 한국에서라면 공산주의라는 말로 북한 사회를 먼저 떠올리는 경우가 많은데 만일 공산주의라는 말이 모두가 참여한 노동과 생산 활동으로 인한 결과물을 계급과 상관없이 누구나 공동으로 소유하는 사회를 일컫는 것이라

한다면 북한 사회는 어느 모로 보나 결코 공산주의 사회는 아닌 것이다.

이런 모습의 공산주의, 저런 모습의 공산주의가 존재할 수 있듯이 자본주의 역시 이러한 자본주의, 저러한 자본주의가 있을 수 있다. 만일 자본주의란 것이 자본 및 생산수단의 사적 소유와 시장을 통한 이윤 창출 행위를 기본 요소로 하는 사회 체제라 한다면 우리가 주장하는 소득상한제는 자본주의와 하등 배치될 것도 없다. 그리고 더 중요한 것은 이렇듯 자본주의가 공산주의에 대비되고 반대되는 체제라고 세계를 이분법적으로 사고하는 우리의 습관부터가 무척이나 구시대적인 냉전 체제의 산물임을 이해하는 일이다. 정작 대결해야 할 것은 우리의 체제와 반대되는 다른 체제가 아니라 그것이 자본주의라 불리든 공산주의라 불리든 또 무엇이라 불리든 우리 안에서 우리를 자유롭지도 평등하지도 행복하지도 않게 만드는 이러저러한 요소들일 것이다.

소득상한제의 실현은 어느 한 명의 정치가가 어느 날 독재자처럼 등장하여 이루어질 수 있는 것이 아니다. 국민 다수, 혹은 세계시민 다수가 우리사회의 모순과 불합리를 인식하고 그 문제점에 대해 함께 숙고하고 토론하며 문제의 해결점을 찾기 위한 정치적, 경제적 노력을 기울일 때 비로소 민 스스로가 진정한 주인이 된 정치도 경제도 현실화될 수 있는 것이다. 따라서 성숙한 민주주의의 바탕 위에서야 우리는 건강한 자본주의를 완성시킬 수 있을 뿐이다.

그때에는 우리는 아마도 자본주의의 새로운 정의를 내려볼 수도 있을 것이다. 자본의 사적 소유가 누구에게나 허락되지만 그 자본의 사적 소유가 사회 전체의 건강을 해치지 않는 사회. 사회 구성원 모두의 소중한 생명을 위해 사적으로 소유한 자본의 크기에 사회적 제한을 약속하는 사회. 그때에 자본은 비단 몇몇 자본가들의 전유물이 아니라 인류 전체의 존재를 지탱하여 주는 존재론적 토대로 기능할 것이므로 우리가 발견하게 될 새로운 자본주의는 아마도 자본주의라는 네 글자에 보다 충실한 자본주의가 되는지도 모른다.

우리의 정치적 관심과 이해가 정부의 모습과 성격을 규정하듯이 우리의 경제적 취향과 선택 역시 기업들의 유지와 성장을 결정짓는다. 만일 우리가 빈곤국가의 아동 노동력을 착취하고 환경오염 물질을 무단으로 방출하며 세금을 회피하기 위해 조세피난처에 자회사를 꾸리는 기업들의 상품을 선택하지 않는다면 그러한 기업들은 존재하지도 성장하지도 않게 될 것이다. 그렇게 본다면 우리의 삶을 이루는 행위 하나하나가 곧 우리의 정치가 되고 우리의 경제가 되는 셈이다. 건강한 다수가 살아 숨 쉬는데도 소수의 정치가와 기업가들에 의해 사회 전체가 나빠지기는 매우 힘든 일이다. 우리의 자본주의가 병들어 있다면 우리는 먼저 우리 자신에게 그 이유를 물어야만 할 것이다.

소득상한제 법안이 발효된다고 해서 모든 것이 해결되는 것은 아니다. 부도덕한 고소득층이 세금을 회피하고 부패한 정치가와 사법계가 그 뒤를 봐준다거나, 아니면 애써 거둬들인 세금을 공직자들이 자신들만의 것으로 유용한다거나 그렇게 그들만의 피난처가 마련되어 그들만의 왕국을 차린다면 소득상한제가 법적으로 실현된들 세상은 아무것도 달라지지 않을 것이다. 권력을 향한 시민사회의 감시와 견제 없이는 법과 제도가 공정하게 기능할 수도 징수된 세금이 유용하게 집행될 수도 없으리라는 것은 불 보듯 뻔한 일이다.

기존의 한국 정치에 염증을 느끼는 국민들은 새로운 정치와 정치가에 대한 기대도 열망도 없다. 그러나 불행히도 다수의 정치적 참여가 사라지고 정치 전반에 대한 회의와 냉소가 가득 찰 때 사회 안의 경제적 불평등은 더욱 심화된다. 그래도 우리에게 아직 희망이란 것이 있다고 한다면 그것은 우리가 그간 함께 경험해 온 뜨거운 촛불의 정신일 것이다. 자랑스럽게도 우리는 어떠한 폭력에도 기댐 없이 촛불만을 밝히며 역사상 처음으로 대통령을 탄핵했다. 하지만 기억해 둘 것이 있다. 그것이 적극적인 지지에서였건 아니면 정치적 무관심에서였건 그러한 대통령을 탄생시킨 것 역시 어디까지나 우리였다.

앞서 우리는 영웅의 삶에 끌려다니는 노예의 세상이 아니라 우리 스스로가 모두 주인이 되는 세상을 만들 것을 이야기하였다. 민주주의 사회란 우리 다수가 주인인 사회이기 때문에 우리가 나빠지면 민주주의 역시 자연히 나빠지고 만다. 따라서 우리는 촛불을 밝히며 끊임없이 물어야 한다. 정치적으로도 경제적으로도 촛불은 우리 모두를 위한 것인가? 우리들 중 촛불로부터 배제된 이는 없는가? 우리가 밝히는 촛불의 빛으로부터 멀어져 어둠 속에 남겨진 이들은 없는가? 우리가 주장하는 자유와 평등은 무한한 자연 전체 안의 모든 생명과 건강을 지키고 있는가? 지난 촛불이 우리의 대통령을 바꾸었다면 앞으로의 촛불은 우리 스스로의 삶을 바꾸는 촛불이 되어야 할 것이다. 우리가 꿈꾸는 민주주의, 그리고 우리가 꿈꾸는 새로운 자본주의. 이제 우리 모두를 위한 촛불을 다시 밝힐 때다.

참고 문헌

단행본

가 알페로비츠·루 데일리, 『독식 비판』, 원용찬 역, 민음사, 2011

강상구, 『신자유주의의 역사와 진실』, 문화과학사, 2000

김광수경제연구소, 『경제쇼』, 왕의서재, 2013

김상조, 『종횡무진 한국경제』, 오마이북, 2012

김수행, 『세계대공황』, 돌베개, 2011

김재훈, 『사민주의 복지국가와 사회적 경제』, 한울아카데미, 2013

노암 촘스키·조지프 스티글리츠, 『경제민주화를 말하다』, 김시경 역, 위너스북, 2012

누리엘 루비니·스티븐 미흠, 『위기 경제학』, 허익준 역, 청림출판, 2010

니컬러스 색슨, 『보물섬』, 이유영 역, 부키, 2012

니컬러스 웝숏, 『케인스 하이에크』, 김홍식 역, 부키, 2014

니크 브란달·외이빈 브라트베르그·다그 에이나 토르셴, 『북유럽 사회민주주의 모델』, 홍기빈 역, 책세상, 2014

데이비드 하비, 『신제국주의』, 최병두 역, 한울아카데미, 2005

데이비드 하비, 『자본이라는 수수께끼』, 이강국 역, 창비, 2012

돈 탭스콧·알렉스 탭스콧, 『블록체인 혁명』, 박지훈 역, 을유문화사, 2017

라나 포루하, 『메이커스 앤드 테이커스』, 이유영 역, 부키, 2018

레스 레오폴드, 『싹쓸이 경제학』, 조성숙 역, 미디어윌, 2014

로버트 라이시, 『위기는 왜 반복되는가』, 안진환·박슬라 역, 김영사, 2011

존 메이너드 케인스·류동민, 『케인스의 일반이론』, 두리미디어, 2012

토마 피케티·강병구·김낙년·신관호·이강국·이상헌·이유영·이정우·이준구·홍훈, 『왜 자본은 일하는 자보다 더 많이 버는가』, 류이근 기획, 시대의창, 2014

김건·백명정·이경예·정의성·조주형·최경수, 『나는 복지국가에 산다』, 박노자 기획, 꾸리에, 2013

박양수, 『21세기 자본을 위한 이단의 경제학』, 아마존의나비, 2017

볼프강 슈트렉, 『시간 벌기: 민주적 자본주의의 유예된 위기』, 김희상 역, 돌베개, 2015

샹용이·비얼리, 『달러 쇼크』, 차혜정 역, 프롬북스, 2010

스튜어트 랜슬리, 『우리를 위한 경제학은 없다』, 조윤정 역, 비즈니스북스, 2012

신광영, 『스웨덴 사회민주주의』, 한울아카데미, 2015

아스비에른 발, 『지금 복지국가는 어디로 가고 있는가』, 남인복 역, 부글북스, 2012

오연호, 『우리도 행복할 수 있을까』, 오마이북, 2014

유종일, 『유종일의 진보 경제학』, 모티브북, 2012

유종일 엮음, 『경제민주화 분배 친화적 성장은 가능한가』, 모티브북, 2012

윤채현, 『지금 당장 금리공부 시작하라』, 한빛비즈, 2011

이동연, 『아! 대한민국, 재벌공화국』, 북오션, 2012

이태훈·이현 외, 『화폐·금융과 전쟁의 세계사』, 공감, 2008

장하성, 『한국 자본주의』, 헤이북스, 2014

장하성, 『왜 분노해야 하는가』, 헤이북스, 2015

전상봉, 『자본주의, 미국의 역사』, 시대의창, 2012

제러미 리프킨, 『한계비용 제로 사회』, 안진환 역, 민음사, 2014

제임스 구스타브 스페스, 『미래를 위한 경제학: 자본주의를 넘어선 상상』, 이경아 역, 모티브북, 2008

조반니 아리기, 『장기 20세기』, 백승욱 역, 그린비, 2014

조지프 스티글리츠, 『불평등의 대가』, 이순희 역, 열린책들, 2013

지주형, 『한국 신자유주의의 기원과 형성』, 책세상, 2012

찰스 P. 킨들버거·로버트 Z. 알리버, 『광기, 패닉, 붕괴 금융위기의 역사』, 김홍식 역, 굿모닝북스, 2006

최배근, 『파국에서 레짐 체인지로』, 집문당, 2013

최태욱·이근식·최장집·고세훈·박동천, 『자유주의는 진보적일 수 있는가』, 폴리테이아, 2012

콜린 크라우치, 『왜 신자유주의는 죽지 않는가』, 유강은 역, 책읽는수요일, 2012

토마 피케티, 『21세기 자본』, 장경덕·유엔제이 역, 글항아리, 2014

폴 크루그먼, 『불황의 경제학』, 안진환 역, 세종서적, 2009

폴 크루그먼, 『새로운 미래를 말하다』, 예상한·한상완·유병규 역, 엘도라도, 2012

필립 코틀러, 『필립 코틀러의 다른 자본주의』, 박준형 역, 더난출판, 2015

하야시 나오미치, 『경제는 왜 위기에 빠지는가』, 유승민·양경운 역, 그린비, 2011

홍석만·송명관, 『부채 전쟁』, 나름북스, 2013

논문

김대철, 「북유럽 3국의 조세체계 비교: 노르웨이, 스웨덴, 핀란드」, 예산춘추, 2012

이철희, 「1930년대 세계대공황 개관과 정책적인 교훈의 모색」, 서울대학교, 2016

조은영, 「북유럽 국가의 금융·재정위기 극복과 시사점」, 국회예산정책처, 2014

현진권, 「북유럽국가들의 이원소득세제」, 한국경제연구원, 2013

언론 기사

"빈부격차 커졌다···3대 분배지표 모두 악화", 중앙일보, 2017년 12월 21일 인터넷 기사

"소로스, 1992년 '영국' 어떻게 침몰시켰나", 뷰스앤뉴스, 2008년 9월 29일 인터넷 기사

"1990년대 금융위기 핀란드, '노키아 신화' 어떻게 가능했나", 오마이뉴스, 2008년 12월 11일 인터넷 기사

UPPER KOREA